KB260193

혼자 배우는 프랑스어 첫걸음

김별 지음

정진출판사

머리말

《혼자 배우는 프랑스어 첫걸음》을 펴내며

'프랑스'라는 단어만 들어도 머릿속에 떠오르는 에펠탑, 루브르 박물관, 유명 패션 및 화장품 브랜드, 깐느 영화제, 바게트 등 다양한 키워드가 있습니다. 이는 우리나라뿐만 아니라 전 세계에서도 그 문화가 들어와 있고 많은 영향을 받고 있음을 알 수 있습니다.

프랑스어는 프랑스 외에도 다양한 대륙에서 모국어 또는 필수 외국어로 쓰이고 유럽연합(EU)에서 공식 언어로 채택되어 사용하는 만큼 경쟁력이 있는 외국어입니다. 그 매력에 이끌려 '나도 한번... ?'을 생각해 보신 분들을 위해 쉬우면서 가장 기본적인 일상생활 표현들을 이 책에 소개해 드렸습니다.

프랑스어 발음은 우리나라에 없는 발음이 많은데 이것을 한글 발음 표기로 나타낼 때 본토 발음과 상이할 수 있는 외래어 표기법을 따르기보다는 프랑스인의 발음을 보다 잘 알아들을 수 있는 한글로 표기하였습니다. 그럼에도 불구하고 한글 표기로도 잘 표현되지 않는 발음들이 있기 때문에 CD를 들으며 발음 연습을 하시기 바랍니다.

저자 김 별

이 책의 주요 구성

기본회화

실생활에서 자주 쓰이는 화제를 실어서 실제 활용에 도움이 되도록 하였습니다.

기본회화 해설

기본회화에 나오는 주요 내용을 상세히 설명하여 누구나 쉽게 프랑스어의 기본을 익힐 수 있도록 하였습니다.

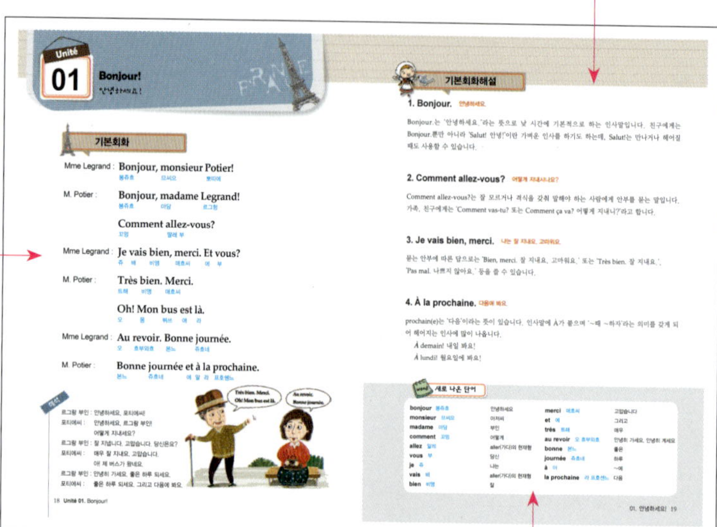

새로 나온 단어

대화에 나오는 주요 단어를 정리하였습니다.

주요표현

기본회화와 관련된 여러 가지 다른 표현들을 수록하여 다양한 학습이 되도록 하였습니다.

Tip

혼동하기 쉬운 표현이나 핵심이 되는 표현들을 의미 이해에 도움이 되도록 간략하게 설명하였습니다.

주요표현 단어

주요표현에 나오는 핵심 단어들을 정리하였습니다.

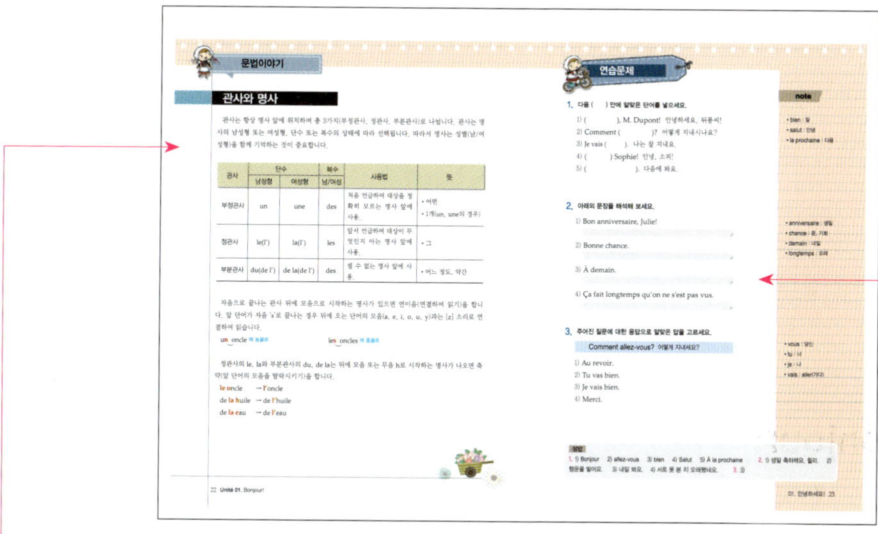

문법이야기

프랑스어의 기본이 되는 문법과 용법을 정리하여 응용력을 키우도록 하였습니다.

연습문제

해당 과에서 배운 것을 기초로 여러 가지 문제를 풀면서 응용력을 키우도록 하였습니다.

주제별 단어

본문에서 다루지 못한 생활에 꼭 필요한 단어들을 그림과 함께 수록하였습니다.

프랑스 엿보기

학습자들이 프랑스어에 흥미를 갖도록 하기 위해 프랑스의 문화와 생활을 소개하였습니다.

한 가지 학습자 여러분께 당부드리고 싶은 말은 이 책에 한글로 병기된 발음은 단지 참고로만 활용하시고, 정확한 발음은 녹음된 프랑스 현지인의 발음을 따라하면서 습득하시기 바랍니다.

발음편

프랑스어의 문자와 발음

프랑스어는 영어와 발음만 다를 뿐, 똑같이 생긴 26개의 Alphabet(알파벳)이 있습니다.

1. 프랑스어의 문자

문자		발음		문자		발음	
A	a	[ɑ]	아	N	n	[ɛn]	앤
B	b	[be]	베	O	o	[o]	오
C	c	[se]	쎄	P	p	[pe]	뻬
D	d	[de]	데	Q	q	[ky]	뀌
E	e	[ə]	으	R	r	[ɛːr]	애흐
F	f	[ɛf]	애프	S	s	[ɛs]	애쓰
G	g	[ʒe]	줴	T	t	[te]	떼
H	h	[aʃ]	아쉬	U	u	[y]	위
I	i	[i]	이	V	v	[ve]	베
J	j	[ʒi]	쥐	W	w	[dublə ve]	두블르베
K	k	[ka]	까	X	x	[iks]	익쓰
L	l	[ɛl]	앨	Y	y	[igrɛk]	이그핵
M	m	[ɛm]	앰	Z	z	[zɛd]	제드

2. 프랑스어의 발음

1) 모음(voyelles)

　프랑스어의 26개 알파벳 중 6개(a, e, i, o, u, y)를 모음이라 하는데 모음 자체의 소리, 모음과 모음이 만날 때의 소리, 모음에 악썽(accent)이라는 것을 붙일 때의 소리 등을 살펴보겠습니다.

모음에 붙는 악썽(accents)

프랑스어의 악썽은 총 3가지로 모음에만 붙습니다.

[´] accent aigu [악썽 떼귀] 　　　　　　　　é

[`] accent grave [악썽 그하브] 　　　　　　è à ù

[^] accent circonflexe [악썽 씨흐꽁플랙쓰] 　ê â î ô û

　악썽은 e에 붙을 때에만 발음이 달라지며 a, u, i, o 등의 다른 모음에 붙은 악썽은 발음에 영향을 미치지 않고 뜻만 달라집니다.

　à [아] ~에게 　　　　　　　　α [아] 가지다

모음이 내는 소리

a　우리말 [아]에서 입 앞쪽에서 나는 소리와 같습니다.
sac [sak 싸끄] 가방
papa [papa 빠빠] 아빠

α　우리말 [아]에서 입 안쪽에서 나는 깊은 소리입니다. â의 경우 우리말 [아]에서 살짝 길게 읽습니다.
pâte [pɑːt 빠–뜨] 밀가루 반죽
tas [tɑ 따] 더미

ə　우리말 [으]와 비슷합니다.
ceci [səsi 쓰씨] 이것
de [də 드] ~의, ~에 대해

ø/œ　우리말 [으]와 비슷하며 [œ]는 살짝 길게 읽습니다.
jeu [ʒø 즈] 놀이
heure [œːR 외–흐] 시간

e 우리말 [에]와 비슷합니다. é, er, es, ez, ef, et, ed가 들어간 단어가 이와 같이 소리납니다.

été [ete 에떼] 여름

premier [pRəmje 프흐미에] 첫 번째

dessin [desɛ̃ 데쎙] 그림

nez [ne 네] 코

effort [efɔːR 에포-흐] 노력

et [e 에] 그리고

pied [pje 피에] 발

ɛ 우리말 [애]와 비슷합니다. è, ê, ai, ei가 들어간 단어가 이와 같이 소리납니다. ê의 경우 우리말 [애]에서 살짝 길게 읽습니다.

père [pɛːR 빼-흐] 아버지

tête [tɛt 때뜨] 머리

mais [mɛ 매] 하지만

Seine [sɛn 쌘] 센느강

o 우리말 [오]와 같습니다. o, ô, au, eau가 들어간 단어가 이와 같이 소리납니다.

métro [metRo 메트호] 전철

allô [alo 알로] 여보세요

beau [bo 보] 멋진

seau [so 쏘] 양동이

ɔ 우리말 [어]와 비슷합니다. au, o 뒤에 발음되는 자음이 오면 이와 같이 소리납니다.

porte [pɔRt 뻐흐뜨] 문

bol [bɔl 벌] 사발

laure [lɔːR 러-흐] 수도원

i 우리말 [이]와 같습니다. i, î, ï, y이 들어간 단어가 이와 같이 소리납니다.

lit [li 리] 침대

île [il 일] 섬

maïs [mais 마이쓰] 옥수수

stylo [stilo 쓰띨로] 만년필

u

우리말 [우]와 같습니다. ou, oû, où, aoû가 들어간 단어가 이와 같이 소리납니다.

coup [ku 꾸] 부딪힘, 충격
coûter [kute 꾸떼] 비용이 들다, 값이 ~이다
où [u 우] 어디에
août [ut 우(뜨)] 8월

y

우리말 [위]에서 입술을 움직이지 않고 발음합니다. u, û, eu가 들어간 단어가 이와 같이 소리납니다.

rue [Ry 휘] 거리
mûr [my:R 뮈-흐] 익은
eu [y 위] 가지다(동사)의 과거분사

2) 비모음(voyelles nasales)

비모음은 숨이 입과 코를 통해 동시에 나오는 콧소리를 의미합니다.

ã

우리말 [엉]과 비슷합니다. am, an, em, en이 들어간 단어가 이와 같이 소리납니다.

ambulance [ãbylã:s 엉뷔렁-쓰] 앰뷸런스
avant [avã 아벙] 앞에, 전에
sembler [sãble 썽블레] ~처럼 보이다
enfant [ãfã 엉펑] 아이

ɛ̃

우리말 [앵]과 비슷합니다. im, in, aim, ain, eim, ein, ym, yn, (i)en, (y)en, (é)en이 들어간 단어가 이와 같이 소리납니다.

impossible [ɛ̃pɔsibl 앵뽀씨블르] 불가능
vingt [vɛ̃ 뱅] 20(숫자)
faim [fɛ̃ 팽] 배고픔
pain [pɛ̃ 뺑] 빵
symbole [sɛ̃bɔl 쌩볼] 상징
syndicat [sɛ̃dikɑ 쌩디까] 조합
ceinture [sɛ̃ty:R 쌩뛰-흐] 벨트
coréen [kɔReɛ̃ 꼬헤앵] 한국인

우리말 [옹]과 비슷합니다. om, on이 들어간 단어가 이와 같이 소리납니다.

ombre [ɔ̃:bR 옹-브흐] 그늘

bon [bɔ̃ 봉] 좋은

우리말 [앙]과 [엥]의 중간 발음과 비슷하며 콧소리가 납니다. um, un이 들어간 단어가 이와 같이 소리납니다.

parfum [paRfœ̃ 빠흐펭] 향수

un [œ̃ 엥] 1(숫자) 〈현대어에서는 흔히 [ɛ]으로 발음합니다.〉

3) 반모음 또는 반자음(semi-consonnes ou semi-voyelles)

우리말 [이]를 살짝 길게 발음합니다. 'y+모음', 'i+모음', il, ill이 들어간 단어가 이와 같이 소리납니다.

crayon [kRɛjɔ̃ 크해이-용] 연필

bien [bjɛ̃ 비-앵] 잘

pareil [paRɛj 빠해이-] 똑같이

brouillon [bRujɔ̃ 브휘이-용] 초안

예외적인 발음

ville [vil 빌] 도시

mille [mil 밀] 1000(숫자)

outil [uti 우띠] 도구

우리말 [위-이]와 비슷하게 발음합니다. 'u+모음'이 들어간 단어가 이와 같이 소리납니다.

huit [ɥit 위-이뜨] 8(숫자)

pluie [plɥi 쁠뤼-이] 비

우리말 [우-이]와 비슷하게 발음합니다. 'ou+모음', oi, oin이 들어간 단어가 이와 같이 소리납니다.

oui [wi 위-이] 예

coin [kwɛ̃ 꾸-앵] 구석

4) 주의할 자음(consonnes)

모음 6개를 제외한 나머지 18개의 알파벳을 자음이라고 합니다.

k

우리말 [ㄲ]과 비슷하게 발음합니다. c+a, o, u, k 또는 qu가 들어간 단어가 이와 같이 소리납니다.

camarade [kamaʀad 꺄마하드] 동료

comme [kɔm 꼼] ~처럼

quoi [kwa 꾸와] 무엇

qualité [kalite 꺌리떼] 품질

s

우리말 [ㅆ]과 비슷하게 발음합니다. c+e, i, y, ss, sc, ç 그리고 'ti+모음'이 들어간 단어가 이와 같이 소리납니다.

six [sis 씨쓰] 6(숫자)

sac [sɑk 싸끄] 가방

g

우리말 [ㄱ]과 비슷하게 발음합니다. g+a, o, u로 묶인 단어가 이와 같이 소리납니다.

gare [ga:ʀ 갸-흐] 기차역

gomme [gɔm 곰므] 지우개

ʒ

우리말 [ㅈ]과 비슷하게 발음하되 소리가 새도록 발음합니다. j뿐만 아니라 g+e, i, y로 묶인 단어가 이와 같이 소리납니다.

jardin [ʒɑʀdɛ̃ 쟈흐댕] 정원

genou [ʒ(ə)nu 즈누] 무릎

z

우리말 [ㅈ]과 비슷하게 발음하되 소리가 짙게 발음합니다. 'z+모음', 's+모음' 또는 앞 단어가 s, x로 끝나 뒤에 모음으로 시작하는 단어와 연이음(연결하여 읽기)이 될 때 이와 같이 소리납니다.

zéro [zeʀo 제호] 0(숫자)

les hommes [le zɔm 레 좀] 남자들

f

우리말 [ㅍ]과 비슷하게 발음하되 소리가 새도록 발음합니다. f, ff, ph가 들어간 단어가 이와 같이 소리납니다.

farine [faʀin 파힌] 밀가루

photo [fɔto 포또] 사진

우리말 [슈]와 비슷하게 발음합니다. ch가 들어간 단어가 이와 같이 소리납니다.
chat [ʃɑ 샤] 고양이
chocolat [ʃɔkɔlɑ 쇼꼴라] 초콜릿

우리말 [ㅂ]과 비슷하게 발음하되 소리가 새도록 발음합니다. v, w가 들어간 단어가 이와 같이 소리납니다.
voix [vwa 부와] 목소리
vous[vu 부] 당신

우리말 [ㅎ]과 [ㄹ]의 중간 발음으로 목 안에서 굴리는 소리가 납니다.
rouge [Ruːʒ 후-즈] 빨간색
rue [Ry 휘] 거리

우리말 [니으]와 비슷하게 발음합니다. gn이 들어간 단어가 이와 같이 소리납니다.
champagne [ʃɑ̃paɲ 셩빠니으] 샴페인
signe [siɲ 씨니으] 신호

우리말 [크스]와 비슷하게 발음합니다. 'ex+자음'으로 묶인 단어가 이와 같이 소리납니다.
excuse [ɛkskyːz 액쓰뀌-즈] 변명
expérience [ɛkspeRjɑ̃ːs 액쓰뻬히엉-스] 경험

우리말 [그즈]와 비슷하게 발음합니다. 'ex+모음'으로 묶인 단어가 이와 같이 소리납니다.
exercice [ɛgzɛRsis 애그재흐씨쓰] 문제풀이
examen [ɛgzamɛ̃ 애그자맹] 시험

일상회화편

Oh! Je pourrais être en retard pour le train.
À quelle heure part le train?
Train

Bonjour!

안녕하세요!

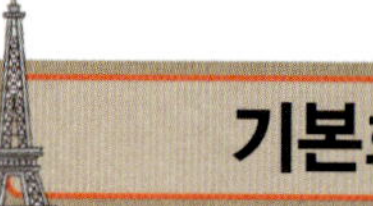

기본회화

Mme Legrand : **Bonjour, monsieur Potier!**
봉쥬흐　　　므씨으　　　뽀띠에

M. Potier : **Bonjour, madame Legrand!**
봉쥬흐　　　마담　　　르그헝

Comment allez-vous?
꼬멍　　　　딸레 부

Mme Legrand : **Je vais bien, merci. Et vous?**
쥬 배 비앵　매흐씨　에 부

M. Potier : **Très bien. Merci.**
트해 비앵　매흐씨

Oh! Mon bus est là.
오 몽 뷔쓰 애 라

Mme Legrand : **Au revoir. Bonne journée.**
오 흐부와흐 본느　　쥬흐네

M. Potier : **Bonne journée et à la prochaine.**
본느　쥬흐네　　에 알 라 프호쉔느

해석

르그랑 부인 : 안녕하세요, 포티에씨!
포티에씨 :　안녕하세요, 르그랑 부인!
　　　　　　　어떻게 지내세요?
르그랑 부인 : 잘 지냅니다. 고맙습니다. 당신은요?
포티에씨 :　매우 잘 지내요. 고맙습니다.
　　　　　　　아! 제 버스가 왔네요.
르그랑 부인 : 안녕히 가세요. 좋은 하루 되세요.
포티에씨 :　좋은 하루 되세요. 그리고 다음에 봐요.

1. Bonjour. 안녕하세요.

Bonjour.는 '안녕하세요.'라는 뜻으로 낮 시간에 기본적으로 하는 인사말입니다. 친구에게는 Bonjour.뿐만 아니라 'Salut! 안녕!'이란 가벼운 인사를 하기도 하는데, Salut!는 만나거나 헤어질 때도 사용할 수 있습니다.

2. Comment allez-vous? 어떻게 지내시나요?

Comment allez-vous?는 잘 모르거나 격식을 갖춰 말해야 하는 사람에게 안부를 묻는 말입니다. 가족, 친구에게는 'Comment vas-tu? 또는 Comment ça va? 어떻게 지내니?'라고 합니다.

3. Je vais bien, merci. 나는 잘 지내요, 고마워요.

묻는 안부에 따른 답으로는 'Bien, merci. 잘 지내요, 고마워요.' 또는 'Très bien. 잘 지내요.', 'Pas mal. 나쁘지 않아요.' 등을 쓸 수 있습니다.

4. À la prochaine. 다음에 봐요.

prochain(e)는 '다음'이라는 뜻이 있습니다. 인사말에 À가 붙으며 '~때 ~하자'라는 의미를 갖게 되어 헤어지는 인사에 많이 나옵니다.

À demain! 내일 봐요!

À lundi! 월요일에 봐요!

새로 나온 단어

bonjour 봉쥬흐	안녕하세요	**merci** 매흐씨	고맙습니다
monsieur 므씨으	아저씨	**et** 에	그리고
madame 마담	부인	**très** 트해	매우
comment 꼬멍	어떻게	**au revoir** 오 흐부와흐	안녕히 가세요, 안녕히 계세요
allez 알레	aller(가다)의 현재형	**bonne** 본느	좋은
vous 부	당신	**journée** 쥬흐네	하루
je 쥬	나는	**à** 아	~에
vais 배	aller(가다)의 현재형	**la prochaine** 라 프호센느	다음
bien 비앵	잘		

Tip

Bonjour. 오전 인사
Bonsoir. 저녁 인사
Bon après-midi.
좋은 오후 되세요.(오후 인사)

Tip

친구들과 만날 때나 헤어질 때 하는 인사말입니다.

Tip

친구들끼리 하는 인사말로, 'Ça fait longtemps hein? (못 본 지) 오래됐다 그치?'라고도 합니다.

Bonjour, M. Dupont!
봉쥬흐 　 므씨으 뒤뽕
안녕하세요, 뒤퐁씨!

Bonsoir, Mme Legrand!
봉쑤아흐 　 마담 　 르그헝
안녕하세요, 르그랑 부인!

Salut, Claude!
쌀뤼 　 끌로드
안녕, 클로드!

Ça fait longtemps qu'on ne s'est pas vus.
싸 패 롱떵 　 꽁 느 쌔 빠 뷔
서로 못 본 지 오래됐군요.

Comment allez-vous?
꼬멍 　 딸레 부
어떻게 지내세요?

Je vais bien. Merci.
즈 배 비앵 매흐씨
잘 지냅니다. 감사합니다.

Et vous?
에 부
당신은요?

Ça va.
싸 바
좋습니다.

Pas mal.
빠 말
나쁘지는 않아요.

Comme ci comme ça.
꼼 　 씨꼼 　 싸
그럭 저럭.

Au revoir.
오 흐부와흐
잘 가세요.

À plus tard.
아 쁠뤼 따흐
다음에 봐요.

Bonne nuit.
본(느) 뉘이
좋은 밤 되세요.

Bonne soirée.
본(느) 쑤아헤
좋은 저녁 되세요.

Bonnes vacances.
본(느) 바껑쓰
즐거운 휴가 보내세요.

Bon week-end.
봉 위깬드
좋은 주말 보내세요.

Bon voyage.
봉 부와이야쮸
좋은 여행 되세요.

주요표현의 녹음 방법은 초보자의 학습 편의를 위해 원어민 여성이 먼저 천천히 읽고, 그 다음 원어민 남성이 정상 속도로 다시 읽습니다. 따라서 연음관계로 인해 두 사람의 발음이 간혹 차이가 나는 경우도 있으니 혼동하지 마시기 바랍니다.

주요표현 단어

※명사는 남성형(男) 또는 여성형(女)으로 표시합니다.

ça 싸	이것	**à** 아	～에, ～에게
fait 패	faire(하다)의 과거분사	**tard** 따흐	늦은
longtemps 롱떵	오래	**nuit** 뉘이	女 밤
on 옹	우리	**soirée** 쑤아헤	女 저녁
ne ... pas 느...빠	아니다(부정형태)	**vacances** 바껑쓰	휴가
vus 뷔	voir(보다)의 과거분사	**week-end** 위깬드	주말
comme 꼼	～처럼, ～인 듯이	**voyage** 부와이야쮸	여행

관사와 명사

관사는 항상 명사 앞에 위치하며 총 3가지(부정관사, 정관사, 부분관사)로 나뉩니다. 관사는 명사의 남성형 또는 여성형, 단수 또는 복수의 상태에 따라 선택됩니다. 따라서 명사는 성별(남/여성형)을 함께 기억하는 것이 중요합니다.

관사	단수		복수	사용법	뜻
	남성형	여성형	남/여성		
부정관사	un	une	des	처음 언급하여 대상을 정확히 모르는 명사 앞에 사용.	• 어떤 • 1개(un, une의 경우)
정관사	le(l')	la(l')	les	앞서 언급하여 대상이 무엇인지 아는 명사 앞에 사용.	• 그
부분관사	du(de l')	de la(de l')	des	셀 수 없는 명사 앞에 사용.	• 어느 정도, 약간

자음으로 끝나는 관사 뒤에 모음으로 시작하는 명사가 있으면 연이음(연결하여 읽기)을 합니다. 앞 단어가 자음 's'로 끝나는 경우 뒤에 오는 단어의 모음(a, e, i, o, u, y)과는 [z] 소리로 연결하여 읽습니다.

un oncle 에 농끌르   les oncles 레 종끌르

정관사의 le, la와 부분관사의 du, de la는 뒤에 모음 또는 무음 h로 시작하는 명사가 나오면 축약(앞 단어의 모음을 탈락시키기)을 합니다.

le oncle   → l'oncle
de la huile → de l'huile
de la eau   → de l'eau

note

- bien : 잘
- salut : 안녕
- la prochaine : 다음

1. 다음 (   ) 안에 알맞은 단어를 넣으세요.

1) (   ), M. Dupont! 안녕하세요, 뒤퐁씨!

2) Comment (   )? 어떻게 지내시나요?

3) Je vais (   ). 나는 잘 지내요.

4) (   ) Sophie! 안녕, 소피!

5) (   ). 다음에 봐요.

2. 아래의 문장을 해석해 보세요.

- anniversaire : 생일
- chance : 운, 기회
- demain : 내일
- longtemps : 오래

1) Bon anniversaire, Julie!

2) Bonne chance.

3) À demain.

4) Ça fait longtemps qu'on ne s'est pas vus.

3. 주어진 질문에 대한 응답으로 알맞은 답을 고르세요.

- vous : 당신
- tu : 너
- je : 나
- vais : aller(가다)

> **Comment allez-vous?** 어떻게 지내세요?

1) Au revoir.

2) Tu vas bien.

3) Je vais bien.

4) Merci.

정답

1. 1) Bonjour   2) allez-vous   3) bien   4) Salut   5) À la prochaine   **2.** 1) 생일 축하해요, 쥘리.   2) 행운을 빌어요.   3) 내일 봐요.   4) 서로 못 본 지 오래됐네요.   **3.** 3)

관공서 · 학교 관련 단어

l'église 女 교회
레글리즈

la poste 우체국
라 뽀스뜨

l'hôpital 男 병원
로삐딸

l'école 女 학교
레꼴

l'aéroport 男 공항
라에호뽀흐

le commissariat de police 경찰서
르 꼬미싸히아 드 뽈리쓰

le port 항구
르 뽀흐

la caserne des sapeurs-pompiers 소방서
라 까제흔느 데 싸뾔흐 뽕삐에

la banque 라 벙끄	은행	**la gare** 라 가흐	기차역
le terminus 르 때흐미뉘쓰	버스 터미널	**l'arrêt de bus** 라해 드 뷔쓰	男 버스 정류장
l'hôtel de ville 로뗄 드 빌	男 시청	**l'ambassade** 렁바싸드	女 대사관
le consulat 르 꽁쉴라	영사관	**la bibliothèque** 라 비블리오떼끄	도서관

la station de métro 라 쓰따씨옹 드 메트호 — 지하철역

l'office national d'immigration 로피쓰 나씨오날 디미그하씨옹 — 男 이민국

la salle de premiers soins 라 쌀 드 프흐미에 쑤앵 — 응급실

la station d'émission 라 쓰따씨옹 데미씨옹 — 방송국

le jardin d'enfants 르 쟈르댕 덩펑 — 유아원

l'école maternelle 레꼴 마때흐넬 — 女 유치원

l'école primaire 레꼴 프히매흐 — 女 초등학교

le collège 르 꼴래쥬 — 중학교

le lycée 르 리쎄 — 고등학교

la faculté 라 파뀔떼 — 단과대학

l'université 뤼니배흐씨떼 — 女 종합대학

la France(프랑스)

자유(liberté), 평등(égalité), 박애(fraternité)를 표어로 삼는 프랑스는 공식 명칭이 프랑스 공화국(la République Française)으로 유럽 대륙에 위치해 있으며, 동쪽으로 이탈리아, 스위스와 독일, 북동쪽으로는 룩셈부르크와 벨기에, 남쪽으로는 스페인을 만납니다. 총 면적은 64만 3,801㎢로 유럽연합(UE, Union Européenne)의 5분의 1이며, 유럽연합 국가 중 가장 큰 나라입니다. 한반도의 2.5배 정도의 규모인데 국토의 생김새가 육각형과 닮았다 하여 엑자곤(Hexagone)으로도 불립니다. 프랑스의 수도는 정치, 경제, 문화의 중심지인 파리(Paris)입니다.

프랑스는 데파르트망(Département)이라는 96개의 행정구역으로 대륙을 분류하는데 우리 나라의 도(都) 정도에 해당합니다. 여기에 D.O.M(Département d'Outre-Mer)이라 불리는 해외 영토인 귀아들루프(Guadeloupe), 귀안느(Guyane), 마르티니크(Martinique), 레유니옹(Réunion) 등 4개가 더 있습니다. 각 데파르트망은 고유 번호가 정해져 있으며 국가에서 선출한 도지사와 도의회에 의해 운영되는데, 파리는 도시이면서 하나의 데파르트망으로 되어 있습니다.

Unité 02

Je vous présente mon amie Léa.
제 친구 레아를 소개시켜 줄게요.

기본회화

Corinne : **Bonjour, Max!**
봉쥬흐　막쓰

Max : **Bonjour, Corinne!**
봉쥬흐　꼬힌

Corinne : **Max, je vous présente mon amie Léa.**
막쓰　쥬 부　프헤정뜨　모　나미　레아

Max : **Bonjour, Léa!**
봉쥬흐　레아

Je suis enchanté de faire votre connaissance.
쥬 쒸이　정성떼　드　패흐　보트흐　꼬내썽쓰

Léa : **Enchantée.**
엉성떼

Max : **J'ai beaucoup entendu parler de vous.**
줴　보구　엉떵뒤　빠흘레　드 부

Léa : **Moi aussi.**
무와　오씨

코린 : 안녕하세요, 막스!

막스 : 안녕하세요, 코린!

코린 : 막스, 제 친구 레아를 소개시켜 줄게요.

막스 : 안녕하세요, 레아!
만나게 되어 반갑습니다.

레아 : 반갑습니다.

막스 : 당신에 대해 이야기를 많이 들었습니다.

레아 : 저도요.

1. Je vous présente mon amie Léa. 내 친구 레아를 소개해 줄게요.

Je vous présente.는 '내가 당신에게 소개한다.'라는 말입니다. 친구에게 말할 때에는 'Je te présente. 내가 너에게 소개한다.'라고 합니다. mon amie는 여자인 내 친구를 말할 때 쓰며, 친구가 남자인 경우에는 mon ami라고 쓰는데 발음은 같습니다.

2. Enchanté. 반갑습니다.

'반갑습니다.'는 Je suis enchanté.라고 하거나 간단히 줄여서 Enchanté.라고 할 수도 있습니다. 단, 말하는 사람이 남자 또는 여자인지에 따라 단어가 Enchanté. 또는 Enchantée.로 쓰이지만 발음은 같습니다.

3. J'ai beaucoup entendu parler de vous. 당신에 대해 이야기를 많이 들었습니다.

J'ai entendu.는 '내가 들었다.'는 표현입니다. 'Sophie m'a beaucoup parlé de vous. 소피가 당신에 대해 나에게 이야기를 많이 해주었습니다.'라는 표현을 써도 됩니다.

4. Moi aussi. 저도요.

moi는 '나'란 뜻인데 aussi인 '~도'가 붙으면 '나도' 또는 '저도요'란 표현이 됩니다.

    Sophie : J'aime la musique. 나는 영화를 좋아해.

    Paul : Moi *aussi*! 나도!

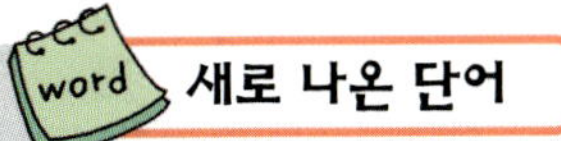 **새로 나온 단어** ※명사는 남성형(男) 또는 여성형(女)으로 표시합니다.

présente 프헤정뜨	présenter(소개하다)의 현재형	**votre** 보트흐	당신의
mon 몽	나의	**connaissance** 꼬내썽쓰	알기
amie 아미	女 친구	**parler** 빠흘레	말하다
suis 쒸이	être(이다, 있다)의 현재형	**de** 드	~에 대해, ~의
enchantée 엉성떼	매우 기쁜	**moi** 무와	나
faire 패흐	하다	**aussi** 오씨	~도

Salut, Marie.
쌀뤼 마히
안녕, 마리.

Ça va?
싸 바
잘 지내?

Tu m'as manqué.
뛰 마 멍께
보고 싶었어요.

> **Tip**
> 여기서 manqué는 '그립다'는 의미이지만 '부족하다', '결석하다'의 의미도 있습니다.
> Elle a manqué son cours.
> 그녀는 수업에 결석했습니다.

Où êtes-vous allé?
우 애뜨 부 알레
어디를 갔나요?

J'ai voyagé à l'étranger.
줴 부와이야줴 아 레트헝제
해외 여행을 했어요.

Je vois.
쥬 부와
그렇군요.

> **Tip**
> '이분은 누구세요?'라는 공손한 말투입니다. 친구나 가족과 같이 가까운 사람에게는 'C'est qui? 누구야?'라고도 합니다.

Qui est-ce?
끼 애 쓰
이분은 누구세요?

Je vais vous le présenter.
쥬 배 부 르 프헤정떼
당신에게 그를 소개시켜 줄게요.

> **Tip**
> 소개할 사람이 여자라면 le 대신 la를 사용합니다.
> Je vais vous la présenter.
> 당신에게 그녀를 소개시켜 줄게요.

C'est mon ami François.
쌔 모 나미 프헝쑤아
내 친구 프렁수아입니다.

Comment allez-vous?
꼬멍 딸레 부
어떻게 지내세요?

Comment ça va?
꼬멍　　　　　싸　바
어떻게 지내(요)?

Je suis Patricia Legrand.
쥬 쒸이　빠트히씨아 르그헝
저는 빠트히씨아 르그렁입니다.

Comment vous appelez-vous?
꼬멍　　　부　　자쁠레 부
이름이 어떻게 되시나요?

Je m'appelle Paul KIM.
쥬 마뻴　　　뽈 낌
내 이름은 폴 김입니다.

Je suis ravi de vous rencontrer.
쥬 쒸이 하비 드 부　헝꽁트헤
당신을 만나게 되어 기쁩니다.

Vous pouvez m'appeler Julie.
부　뿌베　마쁠레　　질리
저를 줄리라고 부르셔도 돼요.

주요표현 단어

salut 쌀뤼	안녕	**mon** 몽	나의
manque 멍께	manquer(그립다)의 과거분사	**ami** 아미	男 친구
allé 알레	aller(가다)의 과거분사	**suis** 쒸이	être(〜이다)의 현재형
voyagé 부와이야줴	voyager(여행하다)의 과거분사	**m'appelle** 마뻴	s'appeler(〜라 불리다)의 현재형
l'étranger 레트헝졔	男 해외, 외국인		
vois 부와	voir(보다)의 현재형	**ravi** 하비	être ravi(반기다)의 과거분사
qui 끼	누구	**rencontrer** 헝꽁트헤	만나다
présenter 프헤정떼	소개하다	**pouvez** 뿌베	pouvoir(할 수 있다)의 현재형

être 동사의 변화

프랑스어의 모든 동사는 주어에 따라 형태가 바뀝니다. être 동사는 '~이다', '~가 있다'의 뜻인데, 이 동사를 사용할 때에는 주어의 성별이나 수에 따라 성·수가 일치됨을 주의해야 합니다.

	인칭	남	여
단수	1인칭(나)	Je suis coréen. 나는 한국인입니다.	Je suis coréen**ne**. 나는 한국인입니다.
	2인칭(너)	Tu es coréen. 너는 한국인입니다.	Tu es coréen**ne**. 너는 한국인입니다.
	3인칭(그/그녀)	Il est coréen. 그는 한국인입니다.	Elle est coréen**ne**. 그녀는 한국인입니다.
복수	1인칭(우리)	Nous sommes coréen**s**. 우리는 한국인입니다.	Nous sommes coréen**nes**. 우리는 한국인입니다.
	2인칭(당신/당신들/ 너희들)	Vous êtes coréen. 당신은 한국인입니다.	Vous êtes coréen**ne**. 당신은 한국인입니다.
		Vous êtes coréen**s**. 당신들[너희들]은 한국인입니다.	Vous êtes coréen**nes**. 당신들[너희들]은 한국인입니다.
	3인칭(그들/그녀들)	Ils sont coréen**s**. 그들은 한국인입니다.	Elles sont coréen**nes**. 그녀들은 한국인입니다.

프랑스어는 사물을 상징하는 인칭이 따로 없고 3인칭 단수(il, elle) 또는 복수(ils, elles)를 사용하되 명사의 성별(남/여) 또는 수(단/복수)에 따라 해당 3인칭을 선택합니다.

Le livre est grand. 책은 큽니다. → **Il** est grand. 그것은 큽니다.

Les livres sont grands. 책들은 큽니다. → **Ils** sont grands. 그것들은 큽니다.

3인칭 복수 중 ils인칭은 대상이 남자와 여자가 섞여 있어도 사용합니다.

Paul et Jeanne sont grands. 폴과 쟌느는 큽니다. → **Ils** sont grands. 그들은 큽니다.

3인칭 단수 중 on이라고 하는 별도의 인칭이 있는데, nous처럼 '너와 나'인 '우리'의 뜻과 '일반적'인 '우리'의 뜻을 갖습니다. 동사는 뜻과 상관없이 항상 단수의 것을 사용합니다.

Moi et Paul, **nous** sommes gentils.

= Moi et Paul, **on** est gentils. 나와 폴은 친절합니다.

On est gentil. (일반적으로 한국인) 우리는 친절합니다.

연습문제

1. 다음 (　　) 안에 **être** 동사를 알맞게 넣으세요.

1) Guillaume (　　　) gentil. 기욤은 친절합니다.
2) Paul et Bernard (　　　) français.
   폴과 베르나르는 프랑스인입니다.
3) Vous (　　　) coréen? 당신은 한국인입니까 ?
4) Je (　　　) Laura. 나는 로라입니다.

- gentil : 친절한
- français : 프랑스인
- coréen : 한국인

2. 다음 말과 의미가 비슷한 것을 고르세요.

> **Comment allez-vous ?**

1) Où êtes-vous allé?
2) Comment vous appelez-vous?
3) Comment ça va?

- où : 어디
- comment : 어떻게

3. 다음 말에 대한 응답으로 적당한 것을 고르세요.

> **Comment vous appelez-vous?**

1) Moi aussi.
2) Je suis coréen.
3) Je m'appelle Marie.

- aussi : ～도
- m'appelle : ～라 불리
  다

4. 아래의 문장을 프랑스어로 바꾸어 보세요.

1) 나는 (여)한국인입니다.

2) 그는 프랑스인입니다.

3) (남)당신은 친절합니다.

- gentil : 친절한

신체 관련 단어

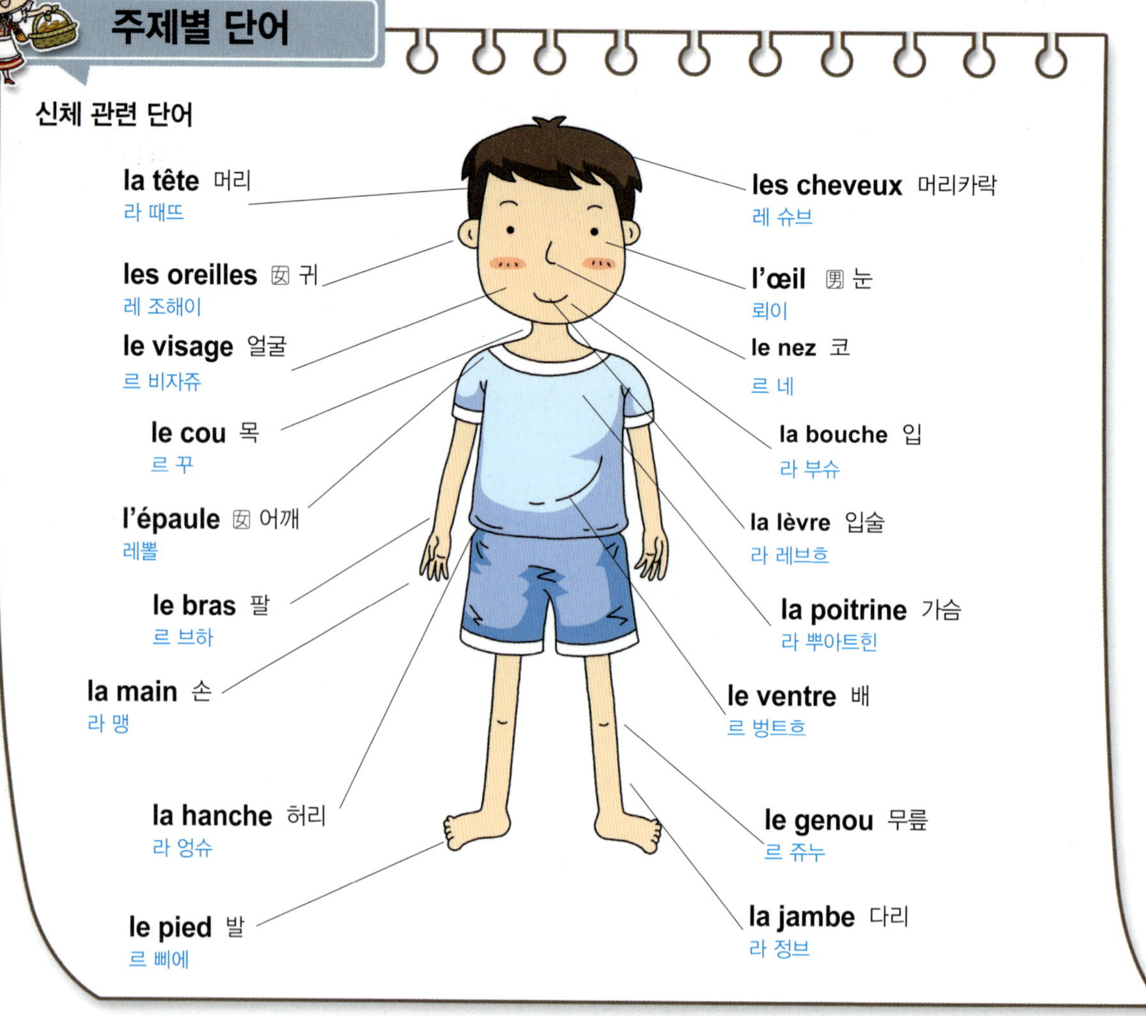

le front 르 프홍	이마	**l'ongle de pied** 롱글르 드 삐에	男 발톱
le sourcil 르 쑤흐씨	눈썹	**le talon** 르 딸롱	발꿈치
la moustache 라 무쓰따슈	콧수염	**la fesse** 라 페쓰	엉덩이
la dent 라 덩	이	**le nombril** 르 농브힐	배꼽
la langue 라 렁그	혀	**le cœur** 르 꾀흐	심장
le menton 르 멍똥	턱	**l'estomac** 레스또마	男 위
la barbe 라 바흐브	턱수염	**le poumon** 르 뿌몽	폐
la gorge 라 고흐쥬	목구멍	**le foie** 르 푸와	간
le doigt 르 두와	손가락	**l'articulation** 라흐띠뀔라씨옹	囡 관절
l'ongle 롱글르	男 손톱	**l'os** 로쓰	囡 뼈
le coude 르 꾸드	팔꿈치	**la peau** 라 뽀	피부
l'orteil 로흐떼이	男 발가락	**le sang** 르 썽	피

프랑코폰(Francophone)

　모국어나 공식어를 프랑스어로 사용하는 사람들을 '프랑코폰'이라 부르는데 프랑스어뿐만 아니라 유럽, 아프리카, 아메리카, 오세아니아, 아시아 등 다양한 대륙에 퍼져 있습니다. 유럽에는 프랑스를 포함하여 벨기에, 룩셈부르크와 스위스의 일부 지역, 모나코 등이 있으며 아메리카 대륙에는 캐나다 퀘벡 주, 카리브해 연안, 남태평양의 타이티 섬 등에서 프랑스어를 모국어로 사용하고 있습니다. 아프리카에는 모코로, 튀니지, 알제리, 세네갈 등에서 공식언어로 사용하고 있고 오세아니아의 바나투와 아시아의 캄보디아, 베트남 등의 반도에서 모국어는 아니라 하더라도 프랑스어를 주요 외국어로 가르치고 있습니다.

　우리나라는 학교에서 프랑스어를 제2외국어로 선택하여 배워야만 알게 되었던 예전과 달리 요즘에는 점점 프랑스어 단어들이 일상생활로 들어오면서 제품 브랜드명, 상점명 등 그 사용이 다양한 분야로 확산되어 가고 있습니다. 단어의 사용이 매우 친숙해져서 프랑스어에서 유입되었음을 모르고 쓰는 단어들이 많을 수 있는데, 대표적인 예로 커피를 마시는 곳인 카페(café), '밀크커피'라는 뜻의 카페오레(café au lait), '내 친구'라는 뜻의 유명 필기도구인 모나미(mon ami), '나의 사랑하는 아저씨'라는 뜻의 과자 몽쉘통통(mon cher tonton), '어린이'인 우유 브랜드 앙팡(enfant), 연예인들이 많이 쓰는 '시작, 시초'라는 뜻의 데뷔(début) 등이 바로 프랑스 단어들입니다. 이뿐만 아니라 뷰티산업에서도 사랑받는 프랑스어는 '초록빛 호수'라는 뜻의 라끄베르(lac vert), '학문'이라고 하는 에튀드(étude), '눈'이라고 하는 라네즈(la neige) 등의 브랜드가 있습니다.

 기본회화

Bertrand : **Quelle heure est-il?**
깰 리흐 애 띨

Nadine : **Il est 9 heures.**
일 래 뇌 뵈흐

Bertrand : **Oh! Je pourrais être en retard pour le train.**
오 쥬 뿌헤 애트흐 엉 흐따흐 뿌흐 르 트행

Nadine : **À quelle heure part le train?**
아 깰 리흐 빠흐 르 트행

Bertrand : **Il part à neuf heures trente.**
일 빠흐 아 뇌 뵈흐 트헝뜨

Je mets 20 minutes pour arriver à la station.
쥬 매 뱅 미뉘뜨 뿌흐 아히베 아 라 스따씨옹

Nadine : **Dépêchez-vous alors!**
데빼쉐 부 알로흐

Bertrand : **Au revoir.**
오 흐부와흐

해석

베르트랑 : 몇 시예요?

나딘 : 9시입니다.

베르트랑 : 이런! 기차 시간에 늦겠어요.

나딘 : 기차가 몇 시에 떠나나요?

베르트랑 : 9시 30분에 떠나요.

역에 도착하려면 20분이 걸려요.

나딘 : 그럼 서두르세요!

베르트랑 : 안녕히 계세요.

1. Quelle heure est-il?   몇 시인가요?

heure는 '시각'이란 뜻으로, 시간을 물어볼 때에는 Il est quelle heure?이라고도 쓰며, 다른 표현으로 'Avez-vous l'heure? 몇 시인지 아시나요?'를 사용하기도 합니다.

2. Il est 9 heures.   9시입니다.

시각에 대해 답을 할 때에는 Il est~를 쓰며, 여기서 Il은 '그는(사람)/그것(사물)'이라는 뜻의 인칭이 아니라 비인칭이라고 합니다. '분'을 나타낼 때는 minute라고 하지만 '몇 시 몇 분'이라고 할 때에는 함께 쓰지 않습니다.

Il est 9 heures 30   9시 30분

3. À quelle heure part le train?   기차가 몇 시에 떠나나요?

à는 '~에'라는 뜻으로 à quelle heure는 '몇 시에'가 됩니다.
À quelle heure mange Sophie? 소피는 몇 시에 먹나요?
Elle mange à 7 heures. 그녀는 7시에 먹어요.

manger 멍줴 먹다

4. Je mets 20 minutes pour arriver à la station.
역에 도착하려면 20분이 걸립니다.

Je mets는 '시간이 걸린다'라는 의미로 쓰입니다.
Je mets 1(une) heure en métro. 전철로 1시간이 걸립니다.

métro 메트호 圐 전철

새로 나온 단어

heure 외흐	囡 시간	mets 매	mettre(〈시간이〉 걸리다, 〈옷을〉 입다)의 현재형
retard 흐따흐	圐 늦은		
pour 뿌흐	~을 위해	minute 미뉘뜨	囡 분
train 트행	圐 기차	arriver 아히베	도착하다
quelle 꺨	무엇, 몇	station 쓰따씨옹	囡 지하철역
part 빠흐	partir(떠나다)의 현재형	dépêchez-vous 데빼쉐 부	se dépêcher(서두르다)의 명령형

Quelle heure est-il?
깰 뢰흐 애 띨
몇 시인가요?

Il est quelle heure?
일 래 깰 뢰흐
몇 시인가요?

Avez-vous l'heure?
아베 부 뢰흐
몇 시인가요?

Il est six heures trente.
일래 시 죄흐 트헝뜨
6시 30분입니다.

Il est dix heures du matin.
일래 디 죄흐 뒤 마땡
오전 10시입니다.

Il est midi.
일래 미디
정오입니다.

Il est minuit.
일래 미뉘잇
자정입니다.

Ma montre est à l'heure exacte.
마 몽트흐 애 따 뢰흐 에그작뜨
내 시계는 정확합니다.

Ma montre avance de cinq minutes.
마 몽트흐 아벙쓰 드 쌩 미뉘뜨
내 시계는 5분 빠릅니다.

Ma montre retarde de deux minutes.
마 몽트흐 흐따흐드 드 드 미뉘뜨
내 시계는 2분 늦습니다.

Tip

시간을 오전과 오후로 나눌 때에는 du matin(아침), de l'après-midi(오후), du soir(저녁)이라고 합니다.
sept heures du matin
아침 7시
deux heures de l'après-midi
오후 2시
sept heures du soir
저녁 7시

Tip

사람이 정시에 오거나 늦는 경우는 다음과 같이 말합니다.
Je suis en avance.
난 빨리 왔다.
Je suis à l'heure.
나는 제시간에 왔다.
Je suis en retard.
나는 늦었다

Combien de temps faut-il pour aller au bureau?
꽁비엥　　드 떵　　포 띨　뿌흐　알레　오 뷔호
사무실까지 가는 데 얼마나 걸리나요?

Ça prend cinq minutes en voiture.
싸　프헝　쌩　미뉘뜨　　엉 부와뛰흐
차로 5분 걸립니다.

Ça prend trente minutes à pied.
싸　프헝　트헝뜨　미뉘뜨　　아 삐에
걸어서 30분 걸립니다.

À quelle heure est-ce que vous rentrez chez vous?
아 깰　　뢰흐　애쓰　끄　부　헝트헤　쉐　부
몇 시에 댁으로 들어가나요?

Je rentre chez moi à huit heures.
쥬 헝트흐 쉐　무와 아 윗 뙤흐
8시에 집에 들어갑니다.

C'est trop tard.
쌔　　트호　따흐
너무 늦어요.

주요표현 단어

heure 외흐	囡 시, 시간	
minute 미뉘뜨	囡 분	
ma 마	나의	
montre 몽트흐	囡 시계	
exacte 에그작뜨	정확한	
retarde 흐따흐드	retarder(〈시계가〉 늦다)의 현재형	
combien 꽁비엥	얼마나	
temps 떵	男 시간, 때	
faut 포	falloir(~해야 하다)의 현재형	
pour 뿌흐	~을 위해	
bureau 뷔호	男 사무실	

ça 싸	이것, 저것, 그것	
prend 프헝	prendre(타다, 〈시간이〉 걸리다)의 현재형	
en voiture 엉 부와뛰흐	囡 자동차로	
à pied 아 삐에	男 걸어서	
à 아	~에, ~에게	
vous 부	당신	
rentre 헝트흐	rentrer(들어가다)의 현재형	
chez 쉐	~의 집	
c'est 쌔	~이다	
trop 트호	너무	
tard 따흐	늦게	

시간(heure) 읽기

1. 시간 묻고 답하기

> Quelle heure est-il?
> Il est quelle heure?   몇 시인가요?
> Avez-vous l'heure?

7 : 00 (7h) → Il est sept(7) heures **pile**

    pile는 정각을 말할 때 쓰입니다.

7 : 15 (7h15) → Il est sept(7) heures quinze(15) 또는 Il est sept(7) heures et **quart**

    quart는 1/4라는 의미이며, 시간을 나타낼 때에는 15분을 뜻합니다.

7 : 30 (7h30) → Il est sept(7) heures trente(30) 또는 Il est sept(7) heures **et demie**

    et demie는 '그리고 반'이란 뜻으로 30분을 의미합니다.

7 : 45 (7h45) → Il est sept(7) heures quarante-cinq(45)

        또는 Il est huit(8) heures **moins** quinze(15)

    moins은 '빼기'라는 뜻으로 '몇 분 전'을 의미합니다. 즉, moins quinze는 '15분 전'이 됩니다. 또는 Il est huit(8) heures moins le quart이라고도 합니다.

    moins le quart는 '1/4 전'이라는 뜻으로, 곧 '15분 전'을 의미합니다.

12 : 00 (12h) → Il est **midi**

    정오는 midi라고 합니다.

00 : 00 (0h) → Il est **minuit**

    자정은 minuit라고 합니다.

2. 오전, 오후, 저녁 시간대 구분하기

- 오전 : du matin

    matin은 '아침'이란 뜻으로, 시간 뒤에 붙으면 오전의 의미를 갖습니다.

    오전 7시 → sept heures **du matin**

- 오후 : de l'après-midi

    오후 2시 → Il est deux heures **de l'après-midi**

- 저녁 : du soir

    저녁 8시 → Il est huit heures **du soir**

1. 아래의 시간을 읽고 해석해 보세요.

1) Il est 7 heures pile.

2) Il est midi.

3) Il est 8 heures moins le quart.

4) Il est 8 heures et demie.

- pile : 정각
- midi : 정오
- et demie : 반

2. 아래의 문장에서 의미가 서로 다른 것을 고르세요.

1) Quelle heure est-il?
2) Avez-vous l'heure?
3) À quelle heure est-ce que vous rentrez chez vous?
4) Il est quelle heure?

- À quelle heure~? :
  몇 시에~?

3. 주어진 질문에 대한 응답으로 적당한 것을 고르세요.

> **Quelle heure est-il ?**
> 몇 시인가요? (현재 시간은 7시 45분(8시 15분 전)입니다.)

1) Il est sept heures quinze.
2) Il est sept heures trente.
3) Il est sept heures moins le quart.
4) Il est huit heures moins le quart.

- huit : (숫자) 8
- moins le quart : 15분
  전

정답

1. 1) 7시 정각입니다.   2) 정오입니다.   3) 8시 15분 전입니다.   4) 8시 반입니다.   **2.** 3)   **3.** 4)

쇼핑몰 관련 단어

la fruiterie 과일가게
라 프휘뜨히

la pharmacie 약국
라 파흐마씨

l'opticien 안경점
롭띠씨엥
= **la lunetterie** 라 뤼넷뜨히

la boulangerie 제과점
라 불렁쥬히

la boutique de fleurs 꽃가게
라 부띠끄 드 플뢰흐

le magasin de vêtements 의류점
르 마가쟁 드 배뜨멍

le magasin de chaussures 신발가게
르 마가쟁 드 쇼쒸흐

le magasin de jouets 완구점
르 마가쟁 드 쥬에

le centre commercial 르 썽트흐 꼬매흐씨알	쇼핑센터, 쇼핑몰	**la boutique de cadeaux** 라 부띠끄 드 까도	기념품점
le grand magasin 르 그헝 마가쟁	백화점	**le restaurant** 르 해쓰또형	식당
le supermarché 르 쒸뻬흐마흐쉐	대형상점	**le fast-food** 르 파쓰뜨 푸드	패스트푸드점
le marché 르 마흐쉐	시장	**la boucherie** 라 부슈히	정육점
le commerce de proximité 르 꼬매흐쓰 드 프혹씨미떼	편의점	**l'épicerie** 레삐쓰히	여 식료품점
		le magasin de vins et spiritueux 르 마가쟁 드 뱅 에 쓰삐히튀으	주류판매점
la bijouterie 라 비쥬뜨히	보석가게		
la librairie 라 리브해히	서점	**la blanchisserie** 라 블렁쉬쓰히	세탁소
le magasin de sport 르 마가쟁 드 쓰뽀흐	스포츠 용품점	**le salon de coiffure** 르 쌀롱 드 꾸와퓌흐	이발소, 미용실
la quincaillerie 라 깽까이으히	철물점	**le salon de beauté** 르 쌀롱 드 보떼	미용실
le magasin d'électronique 르 마가쟁 델랙트호닉	전자제품점	**la station d'essence** 라 쓰따씨옹 데썽쓰	주유소
le magasin de produits de beauté 르 마가쟁 드 프호뒤 드 보떼	화장품가게	= **la station service** 라 쓰따씨옹 쎄흐비쓰	
		le cinéma 르 씨네마	영화관

인사를 잘하는 프랑스인

프랑스에서는 가족, 친구, 이웃뿐만 아니라 엘리베이터에서 만나게 되는 사람, 상점 주인, 식당 또는 커피숍 점원 등 모르는 사람을 만났을 때에도 웃으며 '봉쥬흐(bonjour)' 하고 가볍게 인사를 합니다. 프랑스어의 인사는 시간에 따라 아침에서 저녁 이전까지는 봉쥬흐(bonjour)를 쓰며, 저녁에는 봉쑤와흐(bonsoir), 잠잘 때에는 본뉘이(bonne nuit), 헤어질 때에는 오흐부와흐(au revoir)라고 합니다.

비즈니스와 같은 공식적인 자리에서의 만남을 가질 때에는 주로 악수를 하는데 악수를 청할 때에는 보통 여자가 남자에게, 상사가 아랫 직원에게, 손윗사람이 손아랫사람에게 청합니다. 가족, 친척, 친구 사이에는 볼에 입을 맞추는 비즈(bise) 또는 비주(bisou)라고 하는 가벼운 뽀뽀를 합니다. 보통은 어른과 아이, 여자끼리 하는데 그 횟수는 두 번, 세 번 등 지방에 따라 다릅니다. 남자 친구들끼리는 일반적으로 악수를 합니다.

프랑스에서 비즈(bise) 또는 비주(bisou)를 하게 될 경우가 생기면 부끄러워 도망가거나 거절을 하면 상대방에 대한 예의가 아니므로 자연스럽게 하면 됩니다. 우리나라에서는 익숙하지 않은 문화여서 간혹 긴장을 하기도 하는데 서로의 볼이 세게 부딪히는 일이 없도록 가볍게 하면 됩니다.

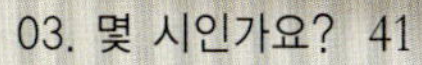

기본회화

Paul : Le combien sommes-nous aujourd'hui?
르 꽁비앵 쏨 누 오쥬흐뒤이

Sophie : Nous sommes le premier mai.
누 쏨 르 프흐미에 매

Paul : Quel jour sommes-nous aujourd'hui?
깰 쥬흐 쏨 누 오쥬흐뒤이

Sophie : Nous sommes vendredi.
누 쏨 벙드흐디

Paul : Léa est revenue de son voyage lundi dernier.
레아 애 흐브뉘 드 쏭 부와이아쥬 렝디 대흐니에

Quand allons-nous la voir?
껑 알롱 누 라 부와흐

Sophie : Que dites-vous samedi prochain?
끄 디뜨 부 쌈디 프호쉥

Paul : Très bien! Je vais lui téléphoner maintenant.
트해 비앵 쥬 배 뤼이 뗄레포네 맹뜨넝

폴 : 오늘은 며칠인가요?
소피 : 5월 1일입니다.
폴 : 오늘은 무슨 요일인가요?
소피 : 금요일입니다.
폴 : 레아가 지난 월요일에 여행에서 돌아왔어요.
언제 그녀를 보러 갈까요?
소피 : 다음 토요일은 어떠세요?
폴 : 좋아요! 지금 그녀에게 전화할게요.

1. Le combien sommes-nous aujourd'hui?   오늘은 며칠인가요?

combien은 '얼마나'의 뜻으로, le combien이라고 하면 '며칠' 또는 문장에 따라 '몇 번째'라는 의미로도 쓰입니다.

Le combien êtes-vous? 당신은 몇 번째입니까?

2. Nous sommes le premier Mai.   5월 1일입니다.

Nous sommes는 '우리는 ~이다'라는 뜻으로, 앞의 [문법이야기]에서 배운 적이 있습니다. 날짜 앞에는 항상 le 관사를 써 주며, 1일만 서수로 읽고 나머지는 기수로 읽습니다.

5월 1일   le premier Mai
5월 5일   le cinq Mai

3. Quel jour sommes-nous aujourd'hui?   오늘은 무슨 요일인가요?

quel은 '어떤, 무슨'의 뜻으로, quel jour은 '무슨 요일'이 됩니다. quel이 문장 앞에 나와 의문문을 만들 때에는 sommes-nous와 같이 주어와 동사를 도치시킵니다.

4. Que dites-vous samedi prochain?   다음 토요일은 어떠세요?

Que dites-vous~?는 '어떻게 생각하나요?'로 상대방의 의견을 묻는 말입니다.

새로 나온 단어

aujourd'hui 오쥬흐뒤이	오늘	**quand** 껑	언제, 어느 때
nous 누	우리	**allons** 알롱	aller(가다)의 현재형
le 르	그것(정관사)	**la** 라	그녀를(정관사)
premier 프흐미에	첫번째	**voir** 부와흐	보다
quel 깰	무엇, 어떤	**dites** 디뜨	dire(말하다)의 현재형
jour 쥬흐	男 요일	**samedi** 쌈디	男 토요일
vendredi 벙드흐디	男 금요일	**prochain** 프호쉥	다음의
revenue de 흐브뉘 드	revenir de(~에서부터 되돌아오다) 의 현재형	**très** 트해	매우
		bien 비앵	잘
son 쏭	그의, 그녀의	**lui** 뤼이	그에게, 그녀에게
voyage 부와이야쥬	男 여행	**téléphoner** 뗄레포네	전화하다
lundi 렝디	男 월요일	**maintenant** 맹뜨넝	지금
dernier 대흐니에	지난		

Le combien sommes-nous aujourd'hui?
르 꽁비앵　쏨 누　　　오쥬흐뒤이
오늘은 며칠인가요?

Quel jour sommes-nous?
껠　쥬흐　쏨 누
오늘은 무슨 요일인가요?

> **Tip**
> jour은 '요일'이며, mois는 '달(월)', an은 '연(살)'입니다.

Nous sommes dimanche.
누　쏨　　디멍쉬
일요일입니다.

En quelle année sommes-nous?
엉　껠　라네　쏨 누
금년은 몇 년도인가요?

> **Tip**
> année는 '연도'를 뜻하는데, 표현에 따라 '학년'을 뜻하기도 합니다.
> Il est en quelle année?
> 그는 몇 학년인가요?

Nous sommes en 2017.
누　쏨　　엉 드밀디쎗
2017년입니다.

Le combien sommes-nous lundi prochain?
르 꽁비앵　쏨 누　　　렝디　프호쉥
다음 월요일은 며칠인가요?

En quel mois sommes-nous?
엉　껠　무와　쏨 누
몇 월인가요?

Est-ce un jour spécial aujourd'hui?
에 쓰　엥 쥬흐 스뻬씨알 오쥬흐뒤이
오늘은 특별한 날인가요?

> **Tip**
> C'est ~
> C'est는 Ce와 est의 축약으로 '～이다'입니다.
> C'est moi. 나야.
> C'est grand. 크다.
> C'est bon. 좋아.

C'est notre dixième anniversaire de mariage.
쎄　노트흐 디지앰　아니배흐쌔흐　　드 마히아쥬
우리 결혼 10주년입니다.

Félicitations!
펠리씨따씨옹
축하해요!

> **Tip**
> '축하한다'는 표현으로 Toutes mes félicitations!을 쓰면 '진심으로 축하해요'가 됩니다.

C'est quand votre anniversaire?
쌔 껑 보트흐 아니배흐쌔흐
당신의 생일은 언제인가요?

C'est le 13 septembre.
쌔 르 트해즈 셉떵브흐
9월 13일입니다.

Elle est partie avant-hier.
앨 래 빠흐띠 아벙티애흐
그녀는 그저께 떠났습니다.

Retrouvons-nous demain.
흐트후봉 누 드맹
우리 내일 다시 만나요.

Il reviendra après-demain.
일 흐비엉드하 아프해 드맹
그는 모레 다시 올 것입니다.

주요표현 단어

quel 깰	무엇, 어떤	**votre** 보트흐	당신의, 당신들의
dimanche 디멍쉬	일요일	**septembre** 쎕떵브흐	9월
en 엉	~에(서), ~으로	**elle** 앨	그녀
combien 꽁비앵	얼마나	**est partie** 애 빠흐띠	partir(떠나다)의
mois 무와	圐 월, 달		복합과거형
spécial 스뻬씨알	특별한	**avant-hier** 아벙티애흐	그제, 그저께
notre 노트흐	우리의	**demain** 드맹	내일
dixième 디지앰	10번째	**il** 일	그는
anniversaire 아니배흐쌔흐	圐 생일, 기념일	**reviendra** 흐비엉드하	revenir(되돌아오다)의
mariage 마히아쥬	圐 결혼		단순미래형
quand 껑	언제, 어느 때	**après-demain** 아프해 드맹	모레

기수와 서수

프랑스어도 우리말처럼 1(일/하나), 2(이/둘), 3(삼/셋)...과 같은 기수와 첫 번째, 두 번째, 세 번째...와 같이 차례를 나타내는 서수가 있습니다.

기수		서수	
un, une(1)	dix-huit(18)	premier, première(1er, 1ère)	dix-huitième(18ème)
deux(2)	dix-neuf(19)	deuxième, second, seconde(2ème, 2de)	dix-neuvième(19ème)
trois(3)	vingt(20)	troisième(3ème)	vingtième(20ème)
quatre(4)	vingt et un(21)	quatrième(4ème)	vingt et unième(21ème)
cinq(5)	vingt-deux(22)	cinquième(5ème)	vingt-deuxième(22ème)
six(6)	trente(30)	sixième(6ème)	trentième(30ème)
sept(7)	quarante(40)	septième(7ème)	quarantième(40ème)
huit(8)	cinquante(50)	huitième(8ème)	cinquantième(50ème)
neuf(9)	soixante(60)	neuvième(9ème)	soixantième(60ème)
dix(10)	soixante-dix(70)	dixième(10ème)	soixante-dixième(70ème)
onze(11)	soixante et onze(71)	onzième(11ème)	soixante-onzième(71ème)
douze(12)	quatre-vingts(80)	douzième(12ème)	quatre-vingtième(80ème)
treize(13)	quatre-vingt-un(81)	treizième(13ème)	quatre-vingt-unième(81ème)
quatorze(14)	quatre-vingt-dix(90)	quatorzième(14ème)	quatre-vingt-dixième(90ème)
quinze(15)	quatre-vingt-onze(91)	quinzième(15ème)	quatre-vingt-onzième(91ème)
seize(16)	cent(100)	seizième(16ème)	centième(100ème)
dix-sept(17)	mille(1,000)	dix-septième(17ème)	millième(1,000^{ème})

기수 1을 상징하는 단어는 un과 une인데 그 뒤에 오는 명사의 성별이 남자면 un, 여자면 une를 씁니다. 서수를 가르키는 단어는 첫 번째인 premier, première를 제외하고는 ème입니다. premier는 주어가 남성일 때 쓰며, première는 주어가 여성일 때 씁니다.

분수는 1/2~1/4을 제외하고는 분자는 기수를, 분모는 서수를 쓰며, 1/2는 la moitié라고도 합니다.

1/2 → un demi   1/3 → un tier
1/4 → un quart   1/5 → un cinquième

연습문제

1. 다음 (　　) 안에 알맞은 단어를 넣으세요.

1) Sommes-nous (　　　　) aujourd'hui? 오늘은 일요일인가요?

2) (　　　　) sommes-nous aujourd'hui? 오늘은 며칠인가요?

3) Nous sommes le (　　　) mai. 5월 1일입니다.

4) (　　) notre deuxième anniversaire. 우리의 두 번째 생일입니다.

5) Nous sommes (　　　). 오늘은 월요일입니다.

2. 다음 우리말 요일과 달에 해당하는 프랑스어를 고르세요.

1) 일요일　　　　　　　　a) vendredi

2) 금요일　　　　　　　　b) dimanche

3) 화요일　　　　　　　　c) mardi

4) 1월　　　　　　　　　d) août

5) 8월　　　　　　　　　e) janvier

3. 주어진 말에 대한 적당한 응답을 고르세요.

Quel jour sommes-nous aujourd'hui?
오늘은 무슨 요일인가요?

1) Nous sommes le premier Janvier.　2) Nous sommes le 3.

3) En septembre.　　　　　　　　4) Nous sommes samedi.

4. 주어진 말에 대한 적당한 응답을 고르세요.

Le combien sommes-nous aujourd'hui?
오늘은 며칠인가요?

1) Nous sommes en janvier.　　　2) Nous sommes grands.

3) Nous sommes le 7.　　　　　4) Nous sommes coréens.

• premier : 첫번째
• anniversaire : 생일
• lundi : 월요일

• vendredi : 금요일
• dimanche : 일요일
• mardi : 화요일
• août : 8월
• janvier : 1월

• septembre : 9월
• samedi : 토요일

• grand : 큰
• coréens : 한국인들

정답

1. 1) dimanche　2) Le combien　3) premier　4) C'est　5) lundi　　**2.** 1) b)　2) a)　3) c)　4) e)　5) d)　**3.** 4)　**4.** 3)

월 · 요일 등에 관한 단어

le matin 오전
르 마땡

l'après-midi 團 오후
라프해 미디

le soir 저녁
르 수와흐

la nuit 밤
라 뉘이

l'année[라네] 囡 년, 해

l'année dernière 라네 대흐니애흐	囡 작년	
cette année 쎗 따네	금년	
l'année prochaine 라네 프호쉔	囡 내년	

le mois[르 무와] 월

janvier 졍비애	1월
février 페브히애	2월
mars 마흐쓰	3월
avril 아브힐	4월
mai 매	5월
juin 쥐앵	6월
juillet 쥐이애	7월
août 우(뜨)	8월
septembre 쎕떵브흐	9월
octobre 옥또브흐	10월
novembre 노벙브흐	11월
décembre 데썽브흐	12월

la semaine[라 쓰맨] 주

dimanche 디멍슈	일요일
lundi 렝디	월요일
mardi 마흐디	화요일
mercredi 매흐크흐디	수요일
jeudi 즈디	목요일
vendredi 벙드흐디	금요일
samedi 쌈디	토요일
la semaine dernière 라 쓰맨느 대흐니애흐	지난주
cette semaine 쎗 스맨느	이번주
la semaine prochaine 라 쓰맨 프호쉔	다음주

le jour[르 쥬흐] 날

aujourd'hui 오쥬흐뒤이	오늘
demain 드맹	내일
hier 이애흐	어제
avant-hier 아벙티애흐	그제, 그저께
après-demain 아프해 드맹	모레

le temps[르 떵] 시간

le midi 르 미디	정오
le minuit 르 미뉘이	자정

프랑스의 축제(la fête)

봄　4월 1일에 즐기는 만우절(Poisson d'avril)은 어른이나 아이들, 라디오나 TV 속에서 농담, 장난과 거짓말이 허락된 날입니다. 날짜는 유동적이지만 3월 말과 4월 중순 사이의 일요일에 예수의 부활을 기리는 종교 축제일인 부활절(Pâques)이 있습니다. 아이들은 정원이나 아파트 안에 숨겨둔 초콜릿으로 된 달걀, 토끼 등을 찾습니다. 부활절 이튿날인 월요일은 공휴일입니다.

여름　6월 21일에는 음악 축제(Fête de la musique)가 있습니다. 1982년부터 즐기기 시작한 축제인데 모든 사람들이 거리로 나와 노천에서 열리는 음악 공연을 즐깁니다. 7월 축제로는 월 초에 시작하여 20일 정도 벌어지는, 프랑스뿐만 아니라 전 세계 자전거 마니아들을 열광시키는 스포츠인 투르 드 프랑스(Tour de France)가 열립니다. 7월 14일은 프랑스 혁명 기념일(Fête Nationale)인데 바스티유 점령을 기념하는 축일입니다.

가을　11월 1일에는 축제가 많은데 지정된 모든 성인을 추모하는 만성절(Toussaint)이 있고, 그 다음 날 2일은 사망한 모든 이들을 기리기 위해 국화꽃을 가지고 묘지를 찾아가는 날입니다. 11일에는 1차 대전 휴전 기념일(Armistice de 1914)이 있고 25일에는 무도회에서 25세 이상의 미혼 여성들이 재미있는 헝겊모자를 쓰고 성카트린느(Sainte Catherine)라는 축일을 즐깁니다.

겨울　12월에는 25일 크리스마스(Noël)가 있습니다. 크리스마스에는 '주아이으 노엘(Joyeux Noël)'이라고 인사합니다. 1월 1일인 신정(Jour de l'an)에는 우리나라와 같이 가족이나 친구들이 모여 지방마다 특색 있는 요리를 먹고 좋은 한 해가 되기를 기원하며 우리의 '새해 복 많이 받으세요'와 비슷한 뜻인 '본아네(Bonne année)'라고 말해 줍니다.

Quel temps fait-il aujourd'hui?

오늘 날씨 어때요?

기본회화

Max : **Qu'est-ce que tu fais maintenant?**
깨쓰 끄 뛰 패 맹뜨넝

Léa : **Rien de spécial.**
히앵 드 스뻬씨알

Max : **Quel temps fait-il aujourd'hui?**
깰 떵 패띨 오쥬흐뒤이

Léa : **Il y a du soleil et il fait doux.**
일리야 뒤 쏠래이 에 일 패 두

Max : **Si on allait faire un pique-nique?**
씨 오 날래 패흐 엥 삐끄니끄

Léa : **C'est une bonne idée.**
쌔 뛴느 본 이데

Où aimerais-tu aller?
우 앰므해 뛰 알레

Max : **Allons dans les bois.**
알롱 덩 레 부와

해석

막스 : 너 지금 뭐 해?

레아 : 특별히 하는 거 없어.

막스 : 오늘 날씨 어때?

레아 : 해가 있고 날씨가 따뜻해.

막스 : 피크닉 하러 가면 어떨까?

레아 : 좋은 아이디어야.

　　　어디로 가면 좋겠어?

막스 : 숲으로 가자.

1. Qu'est-ce que tu fais? 너는 뭐 해?

qu'est-ce que는 '무엇'이란 뜻으로 그 뒤에 '주어+동사'가 나옵니다. 또 다른 '무엇'의 뜻으로는 que 와 quoi가 있는데 que는 항상 '동사+주어'의 순서이며, quoi는 '주어+동사+quoi'의 순서입니다. que, qu'est-ce que, quoi는 동사에 '무엇'의 의미를 담습니다.

Que manges-tu? 너는 뭐 먹니?

Tu lis *quoi*? 너는 뭐 읽어?

manger 멍줴 먹다
lire 리흐 읽다

2. Il fait doux. 날씨가 따뜻해요.

'Il(비인칭) fait+형용사'는 '날씨가 ~하다'의 의미입니다. 그러나 pleuvoir(비 오다), neiger(눈 오다)처럼 'Il(비인칭)+동사'를 붙이는 경우도 있습니다.

Il pleut. 비 온다.   Il neige. 눈 온다.

3. Si on allait faire ~ ? ~하러 가면 어떨까?

si는 '만약'의 뜻으로, 그 뒤에 '주어+동사(반과거 형태)'를 붙이면 '~하면 어떨까?'라는 상대방에게 제안하거나 권유할 때 쓰는 표현이 됩니다.

Si on dansait? 춤 추면 어떨까?

danser 덩쎄 춤추다

새로 나온 단어

qu'est-ce que 깨쓰끄	무엇	**faire** 패흐	하다
maintenant 맹뜨넝	지금	**pique-nique** 삐끄니끄	男 피크닉, 야유회
rien 히앵	아무것도	**bonne** 본느	좋은
spécial 스뻬씨알	특별한	**idée** 이데	女 아이디어
quel 깰	무엇	**où** 우	어디
temps 떵	男 날씨, 시간, 때	**aimerais** 앰므해	aimer(좋아하다)의 조건법
Il y a 일리야	~가 있다	**aller** 알레	가다
soleil 쏠래이	男 해, 태양	**allons** 알롱	aller(가다)의 명령형
il fait doux 일 패 두	날씨가 따뜻하다	**dans** 덩	~안에
si on allait 씨 오 날래	~가면 어떨까	**bois** 부와	男 숲, 나무

Quel temps fait-il aujourd'hui?
깰 떵 패 띨 오쥬흐뒤이
오늘 날씨가 어떤가요?

> **Tip**
> Il fait 뒤에 형용사를 붙이면 날씨를 표현할 수 있습니다. 날씨가 나쁠 때에는 Il fait mauvais. 라고 합니다.

Il fait beau.
일 패 보
날씨가 좋아요.

Il fait mauvais.
일 패 모배
날씨가 나빠요.

Il fait gris.
일 패 그히
날씨가 우중충해요.

Il fait chaud.
일 패 쇼
더워요.

Il fait froid.
일 패 프후와
추워요.

> **Tip**
> moins은 '빼기'의 뜻이 있어서 영하를 나타냅니다.

Il fait moins 2 degrés.
일 패 무앵 드 드그헤
영하 2도입니다.

Il fait 22 degrés.
일 패 뱅드 드그헤
22도예요.

> **Tip**
> Il n'y a pas~는 '~가 존재하지 않는다'의 뜻입니다.
> Il n'y a pas de taxi.
> 택시가 없다.

Il n'y a pas un seul nuage dans le ciel.
일 니 아 빠 엥 쐴 뉘아쥬 덩 르 씨앨
하늘에 구름이 한 점 없네요.

Il y a du vent.
일리야 뒤 벙
바람이 불어요.

Il y a du brouillard.
일리야 뒤 브후이야흐
안개가 끼었어요.

Il y a une tempête.
일리야 윈느 떵빼뜨
폭풍우가 있어요.

On dirait qu'il va pleuvoir.
옹 디해 낄 바 쁠르부와흐
비가 올 것 같아요.

Il pleut.
일 쁠르
비가 와요.

Il neige.
일 내쥬
눈이 와요.

Il grêle.
일 그핸르
우박이 쏟아져요.

주요표현 단어

mauvais 모배	나쁜	**brouillard** 브후이야흐	男 안개
gris 그히	우중충한, 회색	**tempête** 떵빼뜨	女 폭풍우
chaud 쇼	더운	**on dirait que** 옹 디해 끄	~인 것 같다
froid 프후와	추운	**pleut** 쁠르	pleuvoir(비가 오다)의
moins 무앵	영하, 적게, ~을 뺀		현재형
degré 드그헤	男 도(온도)	**neige** 내쥬	neiger(눈이 오다)의
un seul 엥 쐴	단 한 개도		현재형
nuage 뉘아쥬	男 구름	**grêle** 그핸르	grêler(우박이 오다)의
ciel 씨앨	男 하늘		현재형
vent 벙	男 바람		

부정문과 의문문

1. 부정문

프랑스어로 '~가 아니다'의 뜻인 기본 부정문은 ne ~ pas로 동사 앞뒤에 위치합니다.

Je mange. 나는 먹는다. → Je **ne** <u>mange</u> **pas** 나는 먹지 않는다.
　　　　　　　　　　　　　　　　　동사

다른 부정형들은 다음과 같으며 역시 동사 앞뒤에 위치합니다.

- ne ~ plus : 더 이상 ~하지 않는다　　Je **ne** mange **plus**. 난 더 이상 먹지 않는다.
- ne ~ jamais : 절대 ~하지 않는다　　Je **ne** mange **jamais**. 난 절대 먹지 않는다.
- ne ~ rien : 아무것도 ~하지 않는다　　Je **ne** mange **rien**. 난 아무것도 먹지 않는다.
- ne ~ aucun : 하나도 ~하지 않는다　　Je **ne** mange **aucun** <u>pain</u>. 난 하나의 빵도 먹지 않는다.
　　　　　　　　　　　　　　　　　　　　　　　　　　　　남자명사
- ne ~ aucune : 하나도 ~하지 않는다　Je **ne** mange **aucune** <u>viande</u>. 난 하나의 고기도 먹지
　　　　　　　　　　　　　　　　　　　　　　　　　　여자명사　　않는다.

　→ 'ne ~ aucun/aucune 하나도 ~하지 않는다'는 그 뒤에 명사의 성별에 따라 씁니다.

- ne ~ personne : 아무도 ~하지 않는다　Je **ne** vois **personne**. 나는 아무도 보이지 않는다.

2. 의문문

프랑스어의 질문 형태는 3가지 형태가 있고 뜻은 동일합니다.

1) 긍정문에 톤을 높여 말하기

2) est-ce que를 문장 앞에 붙여 '주어+동사' 순으로 쓰기

3) '동사+주어' 순으로 도치 쓰기

> Tu regardes la télé?
>
> Est-ce que tu regardes la télé?
>
> Regardes-tu la télé?

넌 TV를 보니?

질문에 답할 때에는 'oui 응', 'non 아니'로 합니다. 그러나 부정의문문에 대한 질문에 긍정의 답을 할 때에는 'si 응'이라고 답합니다. 부정의문문은 질문 형태에 ne ~ pas를 기본으로 넣습니다.

Elle n'aime pas la télé? 그녀는 TV를 좋아하지 않니?

Non, elle n'aime pas la télé. 아니, 그녀는 TV를 좋아하지 않아.

Si, elle aime la télé. 응, 그녀는 TV를 좋아해.

→ ne ~ pas에서 ne 뒤에 오는 동사가 모음으로 시작하면 축약이 됩니다.

연습문제

1. 다음 (   ) 안에 알맞은 단어를 넣으세요.

1) Quel (   ) fait-il aujourd'hui? 오늘 날씨는 어떤가요?

2) Il (   ). 비가 와요.

3) Il y a du (   ). 바람이 불어요.

4) Il fait (   ). 더워요.

5) Il fait (   ). 날씨가 좋아요.

2. 아래의 문장과 가장 어울리는 답을 찾으세요.

> **Si on allait faire un pique-nique?**
> 피크닉을 하면 어떨까?

1) Rien de spécial.   2) Il y a du soleil.

3) C'est une bonne idée.   4) Il neige.

3. 주어진 말에 대한 응답으로 적당하지 않은 것을 고르세요.

> **Quel temps fait-il aujourd'hui?**
> 오늘 날씨는 어떤가요?

1) Il y a du brouillard.   2) J'ai chaud.

3) Il fait froid.   4) Il fait mauvais

4. 주어진 말에 대한 응답으로 적당한 것을 고르세요.

> **Qu'est-ce que tu fais maintenant?**

1) Je m'appelle Sophie.   2) Rien de spécial.

3) C'est froid.   4) C'est une bonne idée.

---

note

- quel : 어떤
- aujourd'hui : 오늘
- Il y a ~ : ~가 있다

- rien : 아무것도
- soleil : 해, 태양
- idée : 아이디어
- neige : 눈

- brouillard : 안개
- chaud : 더운
- froid : 추운
- mauvais : 나쁜

- m'appelle : s'appeler
  (~라 불리다)
- froid : 차가운

정답

1. 1) temps   2) pleut   3) vent   4) chaud   5) beau   2. 3)   3. 2)   4. 2)

날씨 관련 단어

le soleil 해
르 쏠래이

la lune 달
라 륀느

l'étoile 囡 별
레뚜알

le nuage 구름
르 뉘아쥬

la pluie 비
라 쁠뤼이

l'éclair 번개
레끌래흐

le vent 바람
르 벙

la neige 눈
라 내쥬

le temps 르 떵	날씨	**ensoleillé** 엉쏠래이예	해가 있는
la météo 라 메떼오	일기예보	**beau** 보	날씨가 좋은
la température 라 떵뻬하뛰흐	기온	**brumeux** 브휘므	안개 낀
le brouillard 르 브후이야흐	안개	**gris** 그히	흐린
la rosée 라 호제	이슬	**froid** 프후와	추운
la bruine 라 브휜느	이슬비	**doux** 두	따뜻한
l'averse 라배흐쓰	囡 소나기	**chaud** 쇼	더운
l'orage 로하쥬	男 폭우	**frais** 프해	서늘한
l'inondation 리농다씨옹	囡 홍수	**tempéré** 떵뻬헤	온화한
le tonnerre 르 또내흐	천둥	**frisquet** 프히스께	쌀쌀한
le typhon 르 띠퐁	태풍	**l'humidité** 뤼미디떼	囡 습기
la tornade 라 또흐나드	회오리바람	**le printemps** 르 프행떵	봄
la glace 라 글라쓰	얼음	**l'été** 레떼	男 여름
la grêle 라 그핼르	우박	**l'automne** 로똔	男 가을
la tempête 라 떵뻬뜨	폭풍우	**l'hiver** 리배흐	男 겨울

프랑스의 기후

프랑스의 기후는 전반적으로 온화한 편이지만 지역에 따라 달라지기도 합니다. 프랑스의 기후는 크게 3가지로 나눌 수 있는데, 서쪽으로는 해양성 기후를 띄고 있어서 비가 자주 오고 여름에는 포근합니다. 동쪽으로는 대륙성 기후로서 겨울에는 춥고 여름에는 덥습니다. 남쪽으로는 지중해성 기후로 겨울에는 온화하고 여름은 덥습니다. 우리나라와 같이 4계절이 구분되지만 여름은 우리나라에 비해 건조하고 겨울에는 비가 내리고 습한 날이 많습니다. 기후에 따라 프랑스 사람들의 기질이 조금씩 다른데, 따뜻한 곳의 남부 사람들은 밝고 호의적인 반면 북쪽 및 파리 사람들은 차분한 편입니다.

프랑스를 여행하고자 한다면 4월~6월, 그리고 9월~10월이 우리나라처럼 봄과 가을에 해당하여 너무 춥지도 덥지도 않아 여행하기 좋습니다. 날씨가 화창하고 금방 그친다 하더라도 가끔 비가 오기 때문에 외출 시 우산을 챙기는 것이 좋습니다. 그러나 여행하기에 가장 로맨틱한 계절은 7월~8월로 꼽는데, 비가 적게 오고 해가 길어 관광하기에 좋지만 여름방학 때이므로 관광객들이 가장 많은 시즌이기도 합니다.

기본회화

Françoise : Quelles saisons avez-vous en Corée?
깰 쌔종 아베 부 엉 꼬헤

Louis : Nous avons quatre saisons.
누 자봉 까트흐 쌔종

Le printemps, l'été, l'automne et l'hiver.
르 프행떵 레떼 로똔 에 리배흐

Françoise : Quelle est votre saison préférée?
깰 애 보트흐 쌔종 프헤페헤

Louis : C'est l'hiver.
쌔 리배흐

Françoise : Il ne fait pas froid?
일 느 패 빠 프후와

Louis : Bien sûr, il fait froid.
비앵 쒸흐 일 패 프후와

Mais je peux faire du ski en hiver.
매 쥬 쁘 패흐 뒤 스끼 어니배흐

해석

프랑수아즈 : 한국에는 어떤 계절이 있나요?
루이 : 사계절이 있어요.
　　　　　봄, 여름, 가을과 겨울이요.
프랑수아즈 : 선호하는 계절은 무엇인가요?
루이 : 겨울이에요.
프랑수아즈 : 춥지 않나요?
루이 : 물론, 춥지요.
　　　　　하지만 나는 겨울에는 스키를 탈 수 있어요.

1. Quelle est votre saison préférée? 선호하는 계절은 무엇인가요?

préférée는 '선호하다(préférer)'의 뜻으로 위 문장에서 명사만 바꾸어 다양하게 응용할 수 있습니다. 단, 앞에 수식하는 명사가 여성형이면 e를 붙이고 남성형이면 e를 붙이지 않습니다.

Quelle est votre plat *préféré*? 선호하는 요리는 무엇인가요?

2. C'est l'hiver. 겨울이에요.

c'est는 ce와 est가 축약된 상태로 '이것[이 사람], 그것[그 사람], 저것[저 사람]은 ~이다'라는 뜻입니다. c'est는 명사의 정체를 나타낼 때 사용하는데, 복수 형태는 ce sont입니다.

C'est un garçon. 이 사람은 소년입니다.　　*Ce sont* des garçons. 이 사람들은 소년들입니다.

C'est une jupe. 이것은 치마입니다.　　*Ce sont* des jupes.　이것들은 치마들입니다.

garçon 갸흐쏭 男 소년 / jupe 쥐쁘 女 치마

3. Il ne fait pas froid? 춥지 않나요?

날씨를 말할 때에는 'il fait + 형용사' 형태를 쓰기도 합니다. 사용하는 동사에 따라 아래와 같이 혼동하기 쉬운 다른 표현이 만들어지기도 합니다.

Il fait froid. 날씨가 추워요. ≠ Il fait chaud. 날씨가 더워요.

C'est froid. (물건이) 차가워요. ≠ C'est chaud. (물건이) 뜨거워요.

J'ai froid. (나는) 추워요. ≠ J'ai chaud. (나는) 더워요.

4. je peux faire du ski en hiver. 나는 겨울에 스키를 탈 수 있어요.

계절 앞에 en이라는 전치사를 넣으면 '~에는'이 됩니다. 단, 'printemps 봄'은 자음으로 시작하는 단어이므로 au를 이용합니다.

새로 나온 단어

quatre 꺄트흐	4(숫자)	**hiver** 이배흐	男 겨울
quelle 깰	어떤, 무엇	**bien sûr** 비앙 쒸흐	물론
votre 보트흐	당신의	**froid** 프후와	추운
saison 쌔종	女 계절	**peux** 쁘	pouvoir(할 수 있다)의 현재형
préférée 프헤페헤	préférer(선호하다)의 과거분사	**faire** 패흐	하다
c'est 쌔	~이다	**ski** 스끼	男 스키

Quelle saison aimez-vous le plus?
깰 쌔종 애메 부 르 쁠뤼쓰
어느 계절을 제일 좋아하나요?

J'aime le printemps.
잼므 르 프행떵
나는 봄을 좋아합니다.

On ne voit rien, il y a du brouillard.
옹 느 부와 히앵 일리야 뒤 브후이야흐
아무것도 안 보여요, 안개가 있어요.

Au printemps, je pique-nique.
오 프행떵 쥬 삐끄니끄
봄에는 야유회를 갑니다.

C'est l'été.
쌔 레떼
여름입니다.

très는 '매우'라는 뜻으로, 'vraiment 정말'로 바꿔 사용할 수 있습니다.

Il fait très chaud en été.
일 패 트해 쇼 어 네떼
여름에는 매우 덥습니다.

Mais je peux me baigner à la mer.
매 쥬 쁘 므 배니에 아 라 매흐
하지만 바다에서 해수욕을 할 수 있습니다.

비가 조금 올 때에는 'un peu 조금'을 넣어 Il pleut un peu. 라고 합니다.

Il pleut beaucoup en été.
일 쁠르 보꾸 어 네떼
여름에는 비가 많이 옵니다.

Nous avons la saison des pluies.
누 자봉 라 쌔종 데 쁠뤼이
장마철이 있습니다.

Il pleut fort.
일 쁠르 포흐
비가 세게 와요.

C'est l'automne.
쌔 로똔
가을이에요.

Toutes les feuilles rougissent.
뚜뜨 레 푀이으 후지쓰
모든 나뭇잎들이 붉게 물들어요.

Je lis beaucoup de livres en automne.
쥬 리 보꾸 드 리브흐 어 노똔
가을에는 책을 많이 읽어요.

Les arbres perdent leurs feuilles.
레 자흐브흐 뻬흐드 뢰흐 푀이으
나뭇잎이 떨어져요.

Il fait de plus en plus frais.
일 패 드 쁠뤼 정 쁠뤼(쓰) 프해
날씨가 점점 서늘해져요.

C'est un hiver rigoureux.
쌔 땅 니베흐 히구흐
몹시 추운 겨울이에요.

주요표현 단어

saison 쌔종	囡 계절	**lis** 리	lire(읽다)의 현재형
printemps 프행떵	囲 봄	**beaucoup** 보꾸	많이
brouillard 브후이야흐	囲 안개	**livres** 리브흐	囲 책
pique-nique 삐끄니끄	囲 야유회	**automne** 오똔	囲 가을
été 에떼	囲 여름	**arbres** 아흐브흐	囲 나무
chaud 쇼	더운	**perdent** 뻬흐드	perdre(잃다)의 현재형
baigner 배니에	해수욕하다	**frais** 프해	서늘한
mer 매흐	囡 바다	**de plus en plus**	점점
pluies 쁠뤼이	囡 비	드 쁠뤼 정 쁠뤼(쓰)	
fort 포흐	세게	**hiver** 이배흐	囲 겨울
feuilles 푀이으	囡 나뭇잎	**rigoureux** 히구흐	혹독한
rougissent 후지쓰	rougir(붉어지다)의 현재형		

문법이야기

날씨 · 계절 · 달 말하기

1. 날씨에 대해 말하기

날씨를 표현할 때에는 비인칭으로 이루어지는 표현 3가지를 보통 사용합니다.

- Il fait + 형용사/온도

  Il fait beau. 날씨가 좋아요.　　　　　　　Il fait 10 degrés. 10도예요.

  Il fait frais. 선선해요.

- Il y a + 부분관사 + 명사

  Il y a du soleil. 날씨가 맑아요.　　　　　Il y a du brouillard. 안개가 있어요.

  Il y a du vent. 바람이 불어요.

  Il y a는 별도로 '~가 있다'의 의미도 있습니다.

- Il + 동사

  Il pleut. 비가 와요.　　　　　　　　　　Il neige. 눈이 와요.

  Il grêle. 우박이 쏟아져요.

2. 계절에 대해 말하기

계절은 모두 남성 성별이며 le printemps(봄), l'été(여름), l'automne(가을), l'hiver(겨울)로 나뉩니다.

계절 앞에 au 또는 en을 붙이면 '~(계절)에는'이 됩니다.

au printemps 봄에는 / en été 여름에는 / en automne 가을에는 / en hiver 겨울에는

계절 앞에 붙는 전치사가 봄에만 au를 쓰는 이유는 봄을 제외한 나머지 계절은 모음(é, a) 또는 무음(h)으로 시작하기 때문입니다.

3. 달에 대해 말하기

janvier 1월, février 2월, mars 3월, avril 4월, mai 5월, juin 6월, juillet 7월, août 8월, septembre 9월, octobre 10월, novembre 11월, décembre 12월

달 앞에 en 또는 au mois de를 붙이면 '~월에는'이 됩니다.

en janvier 1월에는　　　　　　　　　　au mois de janvier 1월에는

en août 8월에는　　　　　　　　　　　au mois d'août 8월에는

1. 아래의 문장을 프랑스어로 바꿔 보세요.

1) 한국에서는 8월에는 더워요.

2) 봄에는 비가 자주 와요.

3) 겨울에는 추워요.

2. 주어진 말에 대한 응답으로 적당한 것을 고르세요.

Quelle saison aimez-vous le plus?
어느 계절을 제일 좋아하나요?

1) J'aime le printemps.　　2) Je pique-nique.
3) C'est l'été.　　4) Il fait très chaud en été.

3. 주어진 말에 대한 응답으로 적당한 것을 고르세요.

Aimez-vous la neige?
눈을 좋아하나요?

1) Oui, j'aime la mer.　　2) Oui, il pleut.
3) Non, il fait beau　　4) Non, je n'aime pas la neige.

4. 'en' 또는 'au'를 넣어 문장을 완성하세요.

1) (　　　) automne　　2) (　　　) France
3) (　　　) printemps　　4) (　　　) mois de juin
5) (　　　) Japon

정답

1. 1) En Corée, en août, il fait chaud.　　2) Au printemps, il pleut souvent.　　3) En hiver, il fait froid.　　2. 1)
3. 4)　　4. 1) en　2) en　3) au　4) au　5) au

동물 관련 단어

le chien 개
르 쉬앵

le chat 고양이
르 샤

le porc 돼지
르 뽀흐

le cheval 말
르 슈발

le singe 원숭이
르 쌩쥬

le lion 사자
르 리옹

le tigre 호랑이
르 띠그흐

l'ours 男 곰
루흐쓰

l'animal 라니말	男 동물	**le pigeon** 르 삐죵	비둘기
la vache 라 바슈	암소	**le loup** 르 루	늑대
le bœuf 르 뵈프	숫소	**le renard** 르 흐나흐	여우
l'âne 란느	男 당나귀	**l'éléphant** 렐레펑	男 코끼리
le mouton 르 무똥	양	**la girafe** 라 지하프	기린
la chèvre 라 쉐브흐	염소	**le zèbre** 르 재브흐	얼룩말
le coq 르 꼬끄	닭	**le cerf** 르 쌔흐	사슴
la lapin/le lièvre 라 라뺑/르 리애브흐	토끼(집토끼)/산토끼	**le chameau** 르 샤모	낙타
le dindon 르 댕동	칠면조	**le crocodile** 르 크호꼬딜	악어
l'autruche 로트휘슈	女 타조	**le requin** 르 흐깽	상어
l'aigle 래글르	男 독수리	**la baleine** 라 발랜느	고래
le corbeau 르 꼬흐보	까마귀	**le phoque** 르 포끄	물개
le cygne 르 씨니으	백조	**la tortue** 라 또흐뛰	거북
l'hirondelle 리홍댈	女 제비	**le serpent** 르 쌔흐뻥	뱀
		le poisson 르 뿌와쏭	물고기

프랑스인과 바캉스

프랑스인들에게 일만큼이나 중요한 것이 바캉스, 즉 휴가인데 '나는 휴가를 가기 위해 돈을 번다.'라고 하는 사람들이 있을 정도입니다. 프랑스인들이 가장 많이 선택하는 휴가철은 7월~8월 사이의 여름 휴가인데, 특히 아이가 있다면 긴 여름 방학을 이용하여 가족과 함께 휴가를 떠나기에 안성맞춤이기 때문입니다. 휴가지는 해외보다는 국내의 바다 또는 산으로 많이 가며 이동 수단은 비행기보다는 기차, 기차보다는 자동차를 많이 이용합니다.

21세기에 들어서면서 '테마별 바캉스'를 즐기는 사람들이 늘어나는데 미혼자, 아이가 있거나 없는 이혼자 등에 해당하는 '솔로들을 위한 바캉스' 상품을 많은 여행사에서 제공하는 편입니다. 가족과 함께 휴가를 즐기지 못하는 이들을 위해 스트레스를 날리고, 웃고 즐길 수 있는 여행지를 선택할 수 있고 이들과 비슷한 상황의 다른 사람들을 만나 이야기를 나누는 시간을 가질 수도 있습니다.

'오두막집에서의 바캉스'는 한번쯤은 오두막집에서 살아보길 꿈꿔 온 모든 어린이뿐만 아니라 어른들도 즐길 수 있는 테마입니다. 프랑스의 많은 곳에서 만날 수 있는 오두막집은 5m, 10m, 16m, 21m 높이의 나무에 만들어진 오두막집에서 잘 수 있습니다. 연인, 가족, 친구들이 이곳을 즐깁니다.

'선물 세트(Coffrets cadeaux)'라 불리는 여행은 프랑스에서 유행이 됐으며, 인터넷에서도 다양한 여행 세트 상품을 판매하고 있습니다. 모험, 운동, 미식 등의 다양한 테마가 있어 자신에게 잘 맞는 또는 경험하고 싶은 여행 스타일을 고를 수 있습니다. 이중 미식에 관한 상품이 가장 인기를 끄는데 어느 예쁜 지방의 호텔에서 투숙을 하며 그 지방의 특별한 음식이나 와인 등을 맛볼 수 있다면 정말 멋진 휴가가 되지 않을까요?

D'où venez-vous?
어디에서 오셨나요?

기본회화

Patrice : **Excusez-moi. Êtes-vous Japonaise?**
액쓰뀌제 무와　　　애뜨 부　　　쟈뽀내즈

Laura : **Non, je ne suis pas Japonaise.**
농　　쥬 느 쒸이 빠　쟈뽀내즈

Patrice : **D'où venez-vous?**
두　　　브네 부

Laura : **Je viens de Corée et je suis Coréenne.**
쥬 비앵　　드 꼬헤　　에 쥬 쒸이　꼬헤앤느

Et vous? D'où venez-vous?
에 부　　　두　　　브네 부

Patrice : **Je viens du Portugal.**
쥬 비앵　　뒤　뽀흐뛰갈

Je suis ici pour affaires.
쥬 쒸이　이씨 뿌흐　　아패흐

Laura : **Moi aussi.**
무와　　오씨

해석

파트리스 : 실례합니다. 당신은 일본인인가요?
로라 : 아니에요, 저는 일본인이 아니에요.
파트리스 : 어디서 오셨나요?
로라 : 나는 한국에서 왔어요. 그리고 한국인이에요.
　　　　 당신은요? 어디에서 왔나요?
파트리스 : 나는 포르투갈에서 왔어요.
　　　　 여기에 업무로 와 있어요.
로라 : 저도요.

기본회화해설

1. D'où venez-vous?   어디에서 왔나요?

d'où는 '어디에서부터'란 뜻으로 장소, 위치 등을 묻고자 할 때 씁니다. 뿐만 아니라 '~이다'의 뜻인 être 동사와 함께 쓰면 출신을 물어볼 수 있습니다.

> Vous êtes *d'où*? 당신은 어느 도시 출신인가요?
>
> *Je suis de* Séoul. 나는 서울 출신이에요.

2. Je viens de Corée.   한국에서 왔어요.

viens은 'venir 오다' 동사의 현재형으로 그 뒤에 전치사 de를 붙이면 '~에서부터 오다'가 됩니다.

> Je *viens* des États-Unis. 미국에서 왔어요.

3. Je suis ici pour affaires.   여기에 업무로 와 있어요.

ici는 '여기'라는 뜻으로 Je suis ici pour affaires.라고 하면, '나는 여기 업무를 위해 와 있다.'로 직역이 됩니다.

> Je suis *ici* en vacances. 나는 휴가차 여기에 있습니다.
>
> Viens *ici*. 이리 와.
>
> J'habite *ici*. 나는 여기에서 살아요.

> habite 아비뜨 habiter(살다)의 현재형

4. Moi aussi 저도요.

aussi는 '~도, 또한, 역시'로 의견에 동의할 때 사용하며, 그 앞에 강세형(moi-나, toi-너, lui-그, elle-그녀, nous-우리, vous-당신/당신들/너희들, eux-그들, elles-그녀들)이 잘 붙습니다.

> Toi *aussi*? 너도?

새로 나온 단어

excusez 액쓰뀌제	용서하다(excuser)	Corée 꼬헤	囡 한국
Japonaise 쟈뽀내즈	(여자) 일본인	Coréenne 꼬헤앤느	(여자) 한국인
je ne suis pas 쥬 느 쒸이 빠	나는 ~가 아니다	Portugal 뽀흐뛰갈	男 포르투갈
d'où 두	~에서부터	ici 이씨	여기
venez 브네	venir(오다)의 현재형	pour 뿌흐	~을 위해
de 드	~에서부터, ~의	affaires 아패흐	囡 일, 업무

D'où venez-vous?
두　브네 부
어디에서 왔나요?

Je viens de Corée.
쥬 비앙　드 꼬헤
한국에서 왔어요.

> **Tip**
>
> Je viens de 뒤에 국가 또는 도시를 넣어 어디에서 왔는지를 표현할 수 있습니다.
> Je viens de Séoul.
> 난 서울에서 왔어요.

Est-ce que Séoul est votre ville natale?
애쓰　꼬 쎄울 애 보트흐 빌　나딸르
서울이 고향인가요?

Oui, c'est ma ville natale.
위　쌔　마 빌 나딸르
네, 내 고향이에요.

Quelle est votre ville natale?
깰　애 보트흐 빌　나딸르
당신의 고향은 어딘가요?

Ma ville natale est Paris.
마 빌 나딸르 애 빠히
내 고향은 파리예요.

> **Tip**
>
> Je(나)가 여자라면 Je suis née là-bas.라고 합니다. là-bas는 '거기'라는 뜻으로 'ici 여기'로 대체해서 쓸 수 있습니다.
> Je suis né ici.
> 나는 여기서 태어났어요.

Je suis né là-bas.
쥬 쒸이 네 라바
나는 거기에서 태어났어요.

J'habite ici.
자비트　이씨
나는 여기에서 살아요.

>  **Tip**
>
> grandi의 원형은 'grandir 자라나다'인데, qu'est-ce que '무엇'를 넣어 감탄사를 만들어 쓸 수 있습니다.
> Qu'est-ce que tu as grandi!
> 너 어쩜 이렇게 컸니!

Où est-ce que vous avez grandi?
우 애쓰　꼬 부　자베 그헝디
어디에서 자랐나요?

J'ai grandi à Lyon.
줴 그헝디　아 리옹
나는 리옹에서 자랐어요.

Qu'est-ce que vous faites ici?
깨 쓰　　　 끄 부 　패뜨 이씨
여기서 무엇을 하나요?

Je suis là pour mes études.
쥬 쒸이 라 뿌흐 메 　제튀드
공부하러 왔어요.

Je suis en vacances.
쥬 쒸이 엉 바껑쓰
휴가 왔어요.

Est-ce que vous retournez souvent dans votre pays?
애 쓰 끄 부 흐뚜흐네 쑤벙 덩 보트흐 뻬이
당신의 나라로 자주 돌아가나요?

Non, je ne peux pas.
농 쥬 느 쁘 빠
아니요, 그렇지 못해요.

Mon pays me manque.
몽 뻬이 므 멍끄
내 나라가 그립네요.

Je suis trop occupé.
쥬 쒸이 트호 오뀌뻬
너무 바빠요.

> **Tip**
> passer는 '지나가다, 보내다'의 뜻인데, 이 단어를 이용하여 휴가 표현을 할 수 있습니다.
> Je passe mes vacances en France. 나는 프랑스에서 휴가를 보내요.

> **Tip**
> manque는 '부족하다'의 뜻인데, 문맥에 따라 '그립다'로 표현되기도 합니다.
> Tu me manques.
> 난 네가 보고 싶어.

주요표현 단어

votre 보트흐	당신의	**souvent** 쑤벙	자주
natale 나딸르	태어난	**pays** 뻬이	男 나라
né 네	naître(태어나다)의 과거분사	**peux** 쁘	pouvoir(할 수 있다)의 현재형
là-bas 라바	저기에, 그곳에		
grandi 그헝디	grandir(자라다)의 과거분사	**manque** 멍끄	manquer(부족하다, 그립다)의 과거분사
études 에튀드	囡 학업, 공부		
retournez 흐뚜흐네	retourner(되돌아가다)의 2인칭 복수 현재형	**trop** 트호	너무
		occupé 오뀌뻬	바쁜

국가에 대해 말하기

국가명은 명사에 해당하기 때문에 기본적으로 성별(남성/여성)이 있는데, 여성 성별의 국가는 단어 뒤에 e를 붙이고 남성 성별의 국가는 e를 붙이지 않습니다. 자체적으로 복수인 국가도 있는데 단어 끝에 s가 있습니다. 물론 예외도 있지만 국가명의 끝부분을 확인하면서 어느 정도 성별을 구별해 볼 수 있습니다. 예를 들어, '프랑스에서', '일본에서', '한국에서' 등을 표현하려면 국가명의 성별에 따라 '~에/~에서'가 달라집니다.

1. 여성 성별을 갖는 국가의 경우

기본적으로 명사 끝에 e가 있는 국가들로, la France(프랑스), la Corée(한국), la Belgique(벨기에), l'Italie(이탈리아) 등이 있습니다. 국가에 '~에/~에서'를 표현하려면 en을 사용합니다.

J'habite **en** France. 나는 프랑스에서 살아요.　　　Je vais **en** Corée. 나는 한국에 가요.

2. 남성 성별을 갖는 국가의 경우

명사 뒤에 e가 없는 국가들로, le Japon(일본), l'Iran(이란), le Canada(캐나다), le Brésil(브라질) 등이 있습니다. 국가에 '~에/~에서'를 표현하려면 au을 사용합니다.

J'habite **au** Japon. 저는 일본에서 살아요.　　　Je vais **au** Canada. 저는 캐나다에 갑니다.

남성 성별의 국가가 모음으로 시작되어 있으면 en으로 대체하여 사용합니다.

J'habite **en** Iran. 저는 이란에서 살아요.　　　Je vais **en** Irak. 저는 이라크에 가요.

3. 복수인 국가의 경우

복수 국가는 그리 많지 않으며 단어 끝에 s가 있습니다. 국가에 '~에/~에서'를 표현하려면 aux을 사용합니다.

J'habite **aux** États-Unis. 저는 미국에서 살아요.

Je vais **aux** Pays-Bas. 저는 네덜란드에 가요.

4. 도시의 경우

도시에 '~에/~에서'를 표현하려면 à를 사용합니다.

J'habite **à** Paris. 저는 파리에 살아요.

Je vais **à** Séoul, **à** Tokyo, **à** Londres et **à** Hanoï.

저는 서울, 동경, 런던, 하노이에 가요.

연습문제

1. 아래의 질문에 어울리는 답을 찾으세요.

> **D'où venez-vous?**
> 어디에서 왔나요 ?

1) Je suis Coréen.　　2) Je viens de Corée.

3) Je vais en Corée.　　4) J'aime la Corée.

2. 아래의 문장들을 해석해 보세요.

1) Qu'est-ce que vous faites ici?

2) Je suis en vacances.

3) Mon pays me manque.

4) Je suis trop occupé.

3. 아래의 주어진 질문과 어울리는 답을 찾으세요.

> **Êtes-vous Japonaise?**
> 일본인이신가요 ?

1) Oui, je viens du Japon.　　2) Oui, je suis Japonais.

3) Non, je ne suis pas Japonaise.　　4) Si, je suis Japonaise.

4. 각 질문에 해당되는 답과 연결하세요.

1) D'où venez-vous?　　　·　　　· a) Je viens de Corée.

2) Êtes-vous Japonaise?　·　　　· b) J'ai grandi à Lyon.

3) Où est-ce que vous　　·　　　· c) Non, je ne suis pas
   avez grandi?　　　　　　　　　　Japonaise.

note

- suis : être(~이다)의 현재형
- viens : venir(오다)의 현재형
- vais : aller(가다)의 현재형
- aime : aimer(좋아하다)의 현재형
- faites : faire(하다)의 현재형
- manque : manquer(그립다)의 과거분사
- occupé : 바쁜

- ne ~ pas : ~가 아니다
- si : 부정문으로 한 질문에 긍정으로 답하는 경우 사용.

- d'où ~ : ~에서부터
- grandi : grandir(자라다)의 과거분사

정답

1. 2)　　**2.** 1) 당신은 여기에서 무엇을 하시나요 ?　　2) 휴가 왔어요.　　3) 내 나라가 그립네요.　　4) 저는 너무 바빠요.　　**3.** 3)　　**4.** 1) → a), 2) → c), 3) → b)

국가 이름

la Corée 한국
라 꼬헤

la France 프랑스
라 프헝쓰

la Chine 중국
라 쉰느

les États-Unis 復 미국
레 제따쥐니

l'angleterre 囡 영국
렁글르때흐

le Japon 일본
르 쟈뽕

le Danemark 덴마크
르 단마흐끄

la Russie 러시아
라 휘씨

le Mexique 멕시코
르 멕씨꼬

l'Espagne 囡 스페인
래스빠니으

l'Italie 囡 이탈리아
리딸리

les Philippines 復 필리핀
레 필리삔느

l'Afghanistan 라프가니스떵 男 아프가니스탄		**l'Iran** 리헝	男 이란
l'Argentine 라흐정띤느 囡 아르헨티나		**l'Irak** 리학끄	男 이라크
l'Australie 로스트할리 囡 오스트레일리아(호주)		**l'Irlande** 리흘렁드	囡 아일랜드
l'Allemagne 랄르마니으 囡 독일		**l'Israël** 리스하앨	男 이스라엘
la Belgique 라 벨직끄 벨기에		**la Malaisie** 라 말래지	말레이시아
le Brésil 르 브헤질 브라질		**la Norvège** 라 노흐배쥬	노르웨이
le Canada 르 꺄나다 캐나다		**les Pays-bas** 레 뻬이바	男復 네덜란드
le Congo 르 꽁고 콩고		**(la Hollande** 라 올렁드	네덜란드)
la Corée du Nord 북한		**la Pologne** 라 뽈로니으	폴란드
라 꼬헤 뒤 노흐		**le Portugal** 르 뽀흐뛰갈	포르투갈
l'Égypte 레집뜨 囡 이집트		**Singapour** 쌩가뿌흐	싱가포르
la Finlande 라 팽렁드 핀란드		**la Suède** 라 쒸애드	스웨덴
la Grèce 라 그해쓰 그리스		**la Suisse** 라 쒸위쓰	스위스
l'Inde 랭드 囡 인도		**la Taiwan** 라 따이완	타이완
l'Indonésie 랭도네지 囡 인도네시아		**le Vietnam** 르 비엣뜨남	베트남

프랑스 엿보기

한때 미운 오리 새끼였던 프랑스의 건축물

에펠탑

파리의 상징인 에펠탑(Tour Eiffel)은 안테나까지 포함하여 324m 높이의 3층짜리 건축물로 구스타프 에펠이라는 사람이 만국박람회를 기념하여 1889년에 세운 작품인데 1665개의 계단, 250만 개의 리벳으로 이루어져 추정 무게만 1만 톤이 넘는 것으로 전해져 있는 탑입니다. 건설 당시 차가운 철골이 복잡하게 얽혀 흉한 철조물이라고 싫어하는 사람들도 많았다고 합니다.

퐁피두 센터

6년 동안 설계하고 건설되어 1977년에 완공된 퐁피두 센터(Centre Pompidou)는 당시 공사를 지시했던 조르주 퐁피두(Georges Pompidou) 대통령의 이름을 붙였다고 합니다. 퐁피두 센터가 유명한 이유는 건물 내부에 있어야 할 철근 골조와 전기, 수도 파이프, 에스컬레이터나 엘리베이터 등이 모두 건물 밖으로 그대로 노출되는 엉뚱함 때문일 수 있는데 동시대 건축의 본질을 바꾸어 놓았다는 평을 받기도 했습니다.

루브르 박물관

루브르 박물관(Musée du Louvre)은 고대부터 19세기에 이르는 많은 그림과 조각품을 소장하고 있어서 프랑스에 간다면 꼭 가봐야 하는 세계 최고의 박물관입니다. 박물관의 정문에 있는 유리 피라미드 앞에 선다면 그 아름다움에 사진은 필수로 찍게 마련입니다. 그러나 1989년 건축 당시 중국계 미국인 건축가인 '에이오 밍 페이'가 유리 피라미드를 설계할 때에는 반대가 심했다고 합니다. 루브르 박물관은 유리 피라미드를 중심으로 리슐리(Richelieu)관, 쉴리(Sully)관, 드농(Denon)관으로 이루어져 있는데 서로 연결되어 있습니다.

J'aimerais vivre dans une maison.
주택에서 살고 싶어요.

기본회화

Marie : **Tiens, qu'est-ce que tu fais là?**
띠앵 깨쓰 끄 뛰 패 라

Tu habites ici?
뛰 아비뜨 이씨

Louis : **Non, je suis venu rencontrer un ami.**
농 쥬 쒸이 브뉘 헝꽁트헤 엥 나미

Marie : **Moi, j'habite dans cet appartement.**
무와 쟈비뜨 덩 쎗 따빠흐뜨멍

Où est-ce que tu habites?
우 애쓰 끄 뛰 아비뜨

Louis : **J'habite dans une maison en banlieue.**
쟈비뜨 덩 쥔 매종 엉 벙리으

Marie : **Qu'est-ce que je t'envie!**
깨 스 끄 쥬 떵비

J'aimerais vivre dans une maison comme toi.
쟵므해 비브흐 덩 쥔느 매종 꼼 뚜와

해석

마리 : 어머, 너 여기서 뭐 해?
　　　여기서 살아?
루이 : 아니, 친구 만나러 왔어.
마리 : 나는 이 아파트에서 살아.
　　　너는 어디에서 사니?
루이 : 나는 주택에서 살아 교외에서.
마리 : 부럽구나!
　　　나도 너처럼 주택에서 살고 싶다.

1. Non, je suis venu rencontrer un ami.   아니, 친구 만나러 왔어.

je suis venu는 '나는 왔어'라는 뜻으로 '나'가 여자라면 je suis venue라고 쓰지만 발음은 같습니다. 프랑스어는 '주어+동사' 뒤에 또 다른 동사가 오면 원형으로 쓰기 때문에 'rencontrer(만나다)'를 원형 그대로 쓰며 이것을 'voir(보다)'로 바꾸어 응용할 수 있습니다.

Je suis venu voir Sophie. 나는 소피를 보러 왔어.

2. Où est-ce que tu habites?   너는 어디에서 사니?

'où(어디)'는 문법으로는 '의문부사'라 하는데, 문장 앞에 사용하면 도치(주어와 동사의 위치 바꾸기)를 하지만 의문문을 표현하는 est-ce que를 뒤에 붙이면 도치를 하지 않습니다. quand(언제), combien(얼마나), comment(어떻게) 등도 해당됩니다.

Où habites-tu?	도치하는 경우	⎤ 너는 어디에서 사니?
Où est-ce que tu habites?	도치를 하지 않는 경우	⎦
Quand reviens-tu?	도치하는 경우	⎤ 너는 언제 되돌아가니?
Quand est-ce que tu reviens?	도치를 하지 않는 경우	⎦

3. Qu'est-ce que je t'envie!   부럽구나!

qu'est-ce que는 '무엇을'의 뜻으로 의문문에 많이 사용되는데, '얼마나'의 뜻인 감탄사로도 쓸 수 있습니다.

Qu'est-ce qu'il y a? 무엇이 있나요?   *Qu'est-ce que* c'est beau! 참 멋지네요!

새로 나온 단어

qu'est-ce que 깨쓰 끄	무엇을	**où** 우	어디에, 어디로
fais 패	faire(하다)의 현재형	**maison** 매종	🔟 집, 주택
là 라	여기, 저기	**banlieue** 벙리으	교외, 시외
habites 아비뜨	habiter(살다)의 현재형	**envie** 엉비	envier(부러워하다)의
ici 이씨	여기		현재형
venu 브뉘	venir(오다)의 과거분사	**aimerais** 애므해	aimer(좋아하다, 사랑하다)
rencontrer 헝꽁트헤	만나다		의 조건법 현재
ami 아미	🔟 친구	**vivre** 비브흐	살다
dans 덩	~안에	**comme** 꼼	~처럼
appartement 아빠흐뜨멍	🔟 아파트	**toi** 뚜와	너(강세형)

Tip

va는 '~해라'의 뜻으로, 명령을 나타내는 표현입니다.

Va te coucher tôt.
바 뜨 꾸쉐　　또
일찍 자거라.

Réveille-toi!
헤배이으 뚜와
일어나거라(깨어나거라)!

Va aux toilettes.
바 오　뚜알렛뜨
화장실에 가거라.

Lave ton visage.
라브 똥 비자쥬
세수하거라.

Tip

'이를 닦아라'를 다르게 표현하면 Lave-toi les dents.이라고도 합니다. 여기에 사용되는 brosse-toi는 '스스로 닦다'의 뜻이며, lave-toi는 '스스로 씻다'입니다.

Brosse-toi les dents.
브호쓰 뚜와　　레 덩
이를 닦아라.

Viens à table maintenant.
비앵　아 따블르 맹뜨넝
식탁에 지금 오거라.

Tip

여기에서 petit déjeuner를 아침 식사라고 합니다. 점심 식사는 le déjeuner, 저녁 식사는 le dîner입니다.

Prends ton petit déjeuner.
프헝　　똥 쁘띠 데즈네
아침을 먹거라.

Je vais à l'école.
쥬 배　아 레꼴
나는 학교에 갑니다.

Maman, je suis là.
마멍　　쥬 쒸이 라
엄마, 나 왔어요.

Allez viens. Je suis au premier étage.
알레 비앵 쥬 쒸이 오 프흐미에 에따쥬
어서 와라. 나는 1층에 있다.

Où est papa?
우 애 빠빠
아빠는 어디 계세요?

Il est dans son bureau.
일래 덩 쏭 뷔호
그는 서재에 있단다.

J'ai reçu un prix aujourd'hui.
줴 흐쒸 엥 프히 오쥬흐뒤이
나 오늘 상 받았어요.

Bravo! Mon garçon.
브하보 몽 갸흐쏭
잘했다! 내 아들.

Je suis très fier de toi.
쥬 쒸이 트해 피애흐 드 뚜와
네가 자랑스럽구나.

Je suis content pour toi.
쥬 쒸이 꽁떵 뿌흐 뚜와
내가 다 기쁘구나.

주요표현 단어

visage 비자쥬	閉 얼굴	**dans** 덩	~안에
dents 덩	囡 치아	**bureau** 뷔호	閉 서재, 사무실
viens 비앵	venir(오다)의 명령형	**J'ai reçu** 줴 흐쒸	recevoir(받다)의 복합과거형
petit déjeuner 쁘띠 데즈네	閉 아침 식사	**prix** 프히	閉 가격, 상
école 에꼴	囡 학교	**bravo** 브하보	브라보, 잘했다
premier 프흐미에	첫 번째	**garçon** 갸흐쏭	閉 아들, 소년
étage 에따쥬	閉 층	**très** 트해	매우
où 우	어디	**fier** 피애흐	자랑스러운
papa 빠빠	아빠		

1군과 2군 동사

프랑스어의 동사는 1, 2, 3가지 형태의 군으로 나누어져 있는데 동사원형의 끝부분을 보면서 해당하는 군을 알아봅니다. 1군은 -er로, 2군은 -ir로 끝나며 규칙적입니다. 3군은 -re, -oir, -dre... 등 불규칙적인 끝을 가지고 있습니다. 1군과 2군은 인칭에 따라 규칙적인 동사 변형이 이루어지므로 변형 형태만 잘 외워 두면 모든 1군과 2군의 동사를 다 변형시킬 수 있습니다.

1군 동사의 변형 형태	2군 동사의 변형 형태
aim**er** : 좋아하다, 사랑하다	fin**ir** : 마치다
J'aim**e**. 잼므 나는 좋아한다.	Je fin**is**. 즈 피니 나는 마친다.
Tu aim**es**. 뛰 엠므 너는 좋아한다.	Tu fin**is**. 뛰 피니 너는 마친다.
Il[Elle/On] aim**e**. 일[엘/옹] 엠므 그[그녀/우리]는 좋아한다.	Il[Elle/On] fin**it**. 일[엘/옹] 피니 그[그녀/우리]는 마친다.
Nous aim**ons**. 누 재몽 우리는 좋아한다.	Nous fin**issons**. 누 피니쏭 우리는 마친다.
Vous aim**ez**. 부 재메 당신[너희들]은 좋아한다.	Vous fin**issez**. 부 피니쎄 당신[너희들]은 마친다.
Ils[Elles] aim**ent**. 일[엘] 잼므 그들[그녀들]은 좋아한다.	Ils[Elles] fin**issent**. 일[엘] 피니쓰 그들[그녀들]은 마친다.

위의 동사 변형 공식과 같이 1군은 끝부분 er을 e, es, e, ons, ez, ent로 변형시키면 되고, 2군 역시 끝부분 ir을 is, is, it, issons, issez, issent로 변형시키면 됩니다. 단, 1인칭의 경우 모음이나 무음 h로 시작하는 동사가 오면 축약을 해줍니다.

여기서 새롭게 소개하는 on이라는 인칭은 '우리'의 뜻으로 2가지 의미로 해석이 되는데, '너와 나'의 '우리'라는 뜻과 일반적인 '우리'의 뜻입니다. 예를 들어 'Sophie(소피)와 나, 우리는 한국인이야.'에서 '우리'는 '너와 나'의 뜻입니다. 반면, '우리 한국인들은 김치를 좋아해.'에서의 '우리'는 일반적인 '우리'의 뜻입니다. 그리고 on은 항상 3인칭 단수의 동사만 씁니다.

1군 동사들 중 발음상의 이유로 인칭에 따라 동사가 변형되면서 accent(악썽)이 붙거나, 바뀌거나, 자음이 추가되기도 합니다.

préf**é**rer(선호하다) : je préf**è**re, tu préf**è**res, il[elle/on] préf**è**re, nous préf**é**rons,
　　　　　　　　vous préf**é**rez, ils[elles] préf**è**rent

appeler(부른다, 연락하다) : j'appe**ll**e, tu appe**ll**es il[elle/on] appe**ll**e,
　　　　　　　　nous appelons, vous appelez, ils[elles] appe**ll**ent

1. 아래의 문장을 프랑스어로 바꾸세요.

1) 너 여기서 뭐 해?

2) 너 어디에서 살아?

3) 부럽구나!

- **là** : 여기
- **où** : 어디
- **qu'est-ce que** : 무엇, 어쩜(감탄문에서)

2. 주어진 말에 대한 응답으로 적당한 것을 고르세요.

> **Où est papa?**
> 아빠는 어디에 계세요?

1) Il est Coréen.
3) Il est dans son bureau.

2) Il s'appelle Paul.
4) Il habite ici.

- **Coréen** : 한국인
- **s'appelle** : s'appeler (~라 불리다)의 현재형
- **bureau** : 사무실, 서재
- **habite** : habiter(거주하다, 살다)의 현재형

3. 주어진 말에 대한 응답으로 적당한 것을 고르세요.

> **Qu'est-ce que vous prenez pour le petit déjeuner?**

1) Je prends du café.
3) Je vais à l'école.

2) Prends ton petit déjeuner.
4) Je suis très fier de toi.

- **petit déjeuner** : 아침 식사
- **école** : 학교
- **fier** : 자랑스러운

4. 주어진 문장과 어울리는 해석을 연결하세요.

1) Va te coucher tôt. •
2) Réveille-toi! •
3) Lave ton visage. •
4) Brosse-toi les dents. •

• a) 일찍 잠자리에 누워라.
• b) 세수하거라.
• c) 이를 닦아라.
• d) 깨어나라!

- **coucher** : se coucher (잠자리에 들다)의 원형
- **réveille** : se réveiller (잠을 깨다)의 명령형
- **lave** : laver(씻다)의 명령형
- **brosse** : se brosser (닦다)의 명령형

정답

1. 1) Qu'est-ce que tu fais là?　2) Où est-ce que tu habites?　3) Qu'est-ce que je t'envie!　**2.** 3)

3. 1)　　**4.** 1) — a)　2) — d)　3) — b)　4) — c)

집 · 일상용품 관련 단어

la douche 샤워
라 두슈

le lavabo 세면대
르 라바보

la serviette 수건
라 세흐비엣뜨

la brosse à dents 칫솔
라 브호쓰 아 덩

le dentifrice 치약
르 덩띠프히쓰

le miroir 거울
르 미후와흐

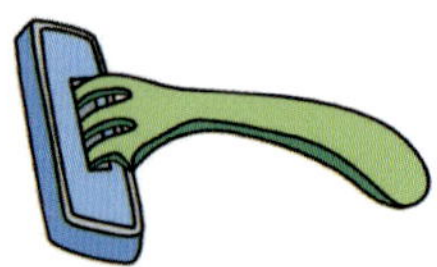

le rasoir 면도기
르 하주와흐

le papier toilette 화장지
르 빠삐에 뚜알랫뜨

la maison 라 매종	집	**le shampooing** 르 셩뿌앵	샴푸
la pièce 라 삐애쓰	방	**la brosse** 라 브호쓰	솔
la chambre 라 셩브흐	침실, 거실	**le peigne** 르 빼니으	빗
la cuisine 라 뀌진느	부엌	**les ciseaux** 레 씨조	男 가위
la salle à manger 라 쌀 라 멍줴	(집의) 식당	**le maquillage** 르 마끼야쥬	화장
les toilettes 레 뚜알랫뜨	화장실, 변소	**le produit de beauté** 르 프호뒤 드 보떼	화장품
la porte 라 뽀흐뜨	문	**le rouge à lèvres** 르 후즈 아 래브흐	립스틱, 루주
la fenêtre 라 프내트흐	창문	**la manucure** 라 마뉘뀌흐	매니큐어
la porche 라 뽀흐슈	현관	**la crème** 라 크햄	크림
la cour 라 꾸흐	마당, 정원	**la lotion** 라 로씨옹	로션
le sèche-cheveux 르 쌔슈 슈브	드라이기	**le fond de teint** 르 퐁 드 땅	파운데이션
le savon 르 사봉	비누	**le parfum** 르 빠흐펭	향수

빈센트 반 고흐(Vincent Van Gogh)의 자취가 묻어 있는 곳, 아를(Arles)

빈센트 반 고흐

아를(Arles)은 파리에서 떼제베(TGV) 기차를 타고 4시간 정도 소요되는 프로방스 지역의 작은 마을입니다. 기원전부터 고대 로마의 도시가 형성된 곳으로 고대 유적에서부터 중세 건축, 근대 예술가의 자취가 고스란히 남아 있습니다. 대표적인 것이 로마의 콜로세움을 연상케 하는 아를 원형 경기장인데, 2만 명이 넘는 관중을 수용할 수 있는 크기입니다. 현재 투우 공연 또는 크고 작은 축제가 이곳에서 열립니다. 아를에는 고대 극장, 프로방스에서 가장 아름다운 로마네스크 건축물인 성트로핌 성당, 고대 로마 시대의 공동묘지인 알리스캉 등 구경할 곳도 많습니다.

아를은 고대 유적뿐만 아니라 아름다운 풍경까지 갖추고 있어 후기 인상주의 화가 빈센트 반 고흐(Vincent Van Gogh)와 그를 따라 아를에 온 폴 고갱(Paul Gauguin)이 작품 활동을 하기 위해 머물렀던 곳으로 더욱 유명합니다.

카페 '밤'(Le café 'Le Soir')

반 고흐는 네덜란드 출생이지만 1988년 2월부터 약 15개월간 프랑스 아를(Arles)에 머물면서 '해바라기', '밤의 카페', '아를의 방', '노란 집' 등 300여 점의 다양한 작품을 완성한 화가였던만큼 반 고흐와 프랑스의 아를은 함께 연상되는 키워드라 할 수 있습니다. 반 고흐가 사랑에 빠진 아를은 풍경 자체가 한 폭의 그림이 될 정도로 아름다운 곳들이 많습니다.

기본회화

Julie : **Vous êtes combien dans la famille?**
부 재뜨 꽁비앵 덩 라 파미으

Guillaume : **Nous sommes cinq. Mon père, ma mère,**
누 쏨 쌩크 몽 빼흐 마 매흐

mon grand frère, ma grande sœur et moi.
몽 그헝 프해흐 마 그헝드 쐬흐 에 무아

Julie : **Vous êtes le dernier?**
부 재뜨 르 대흐니에

Guillaume : **Oui.**
위

Julie : **Vous avez quel âge?**
부 자베 깰 아쥬

Guillaume : **J'ai 20 ans.**
줴 뱅떵

Julie : **Vous êtes étudiant?**
부 재뜨 제뛰디엉

Guillaume : **Oui. Je suis en première année.**
위 쥬 쒸이 정 프흐미애흐 아네

해석

줄리 : 가족이 몇 분이세요?

기욤 : 우리는 다섯이에요. 아버지, 어머니, 형, 누나 그리고 저예요.

줄리 : 막내세요?   기욤 : 네.

줄리 : 몇 살이세요?   기욤 : 스무 살이에요.

줄리 : 학생이세요?   기욤 : 네. 전 1학년이에요.

1. Vous êtes combien dans la famille?   가족이 몇 분이세요?

combien은 '얼마나, 얼마만큼'의 뜻으로, Vous êtes combien dans la famille?는 '가족이 얼마만큼 (몇 명)이 되는지'를 묻는 말입니다.

Combien de pommes voulez-vous? 사과를 얼마나 원하십니까?

Combien est-ce que je vous dois? 얼마를 드리면 될까요?

pomme 뽐므 사과

2. Vous êtes le dernier?   막내인가요?

le dernier는 '마지막'이란 뜻입니다. 아이 중 '장남/장녀'는 l'aîné/l'aînée, '차남/차녀'는 le benjamin/la benjamine, '막내'는 le cadet/la cadette라고 합니다.

3. Vous avez quel âge?   몇 살인가요?

나이를 물어 볼 때에는 vous avez와 같이 avoir(가지다) 동사를 쓰며 j'ai ~ ans으로 대답합니다. 즉, 직역하면 '나는 ~살을 가지고 있다'가 됩니다. 나이는 반드시 알아야 할 경우가 아니라면 누구든 혼자만의 비밀로 두고 싶은 숫자이기 때문에 어린이를 제외하고는 상대방에게 나이를 묻는 것은 실례가 될 수 있습니다. 나이를 불문하고 친구, 가족(부모/할아버지/할머니 등)에게는 tu(너)라는 인칭을 쓰고, 잘 모르는 사람이거나 격식을 갖춰야 하는 사람에게는 vous(당신)이라고 부르면 됩니다.

4. Vous êtes étudiant?   학생인가요?

프랑스어는 직업 명사 앞에는 관사를 넣지 않습니다. 그러나 대상이 남자 또는 여자인지에 따라 직업 명사가 남성형 또는 여성형으로 바뀝니다.

Je suis acteur. 나는 (남)배우입니다.   *Je suis actrice.* 나는 (여)배우입니다.

새로 나온 단어

combien 꽁비앵	얼마나	**mère** 매흐	囡 어머니
dans 덩	~안에	**grand frère** 그헝 프해흐	男 형, 오빠
famille 파미으	囡 가족	**grande sœur** 그헝드 쐬흐	囡 누나, 언니
cinq 쌩크	5(숫자)	**dernier** 대흐니에	마지막
mon 몽	나의(남성 소유형용사)	**quel** 깰	어떤, 무엇
père 빼흐	男 아버지	**âge** 아쥬	男 나이
ma 마	나의(여성 소유형용사)	**étudiant** 에뛰디엉	男 학생

주요표현

Vous êtes combien dans la famille?
부　　재뜨 꽁비앵　　덩　　라 파미으
가족이 몇 분이세요?

Nous sommes nombreux.
누　　쏨　　　농브흐
우리는 많아요.

C'est la photo de ma famille.
쌔　　라 포또　　드 마　파미으
제 가족 사진이에요.

Qui sont-ils?
끼　　쏭 띨
그들은 누구입니까?

C'est mon grand-père et ma grand-mère.
쌔　　몽　　그헝 빼흐　　에 마　그헝 매흐
제 할아버지와 할머니입니다.

Ce sont mes parents.
쓰　쏭　메　　빠헝
제 부모님입니다.

Vous êtes marié?
부　　재뜨 마히에
결혼하셨나요?

Oui. Je suis marié.
위　　쥬 쒸이 마히에
네, 저는 결혼했어요.

C'est mon mari.
쌔　　몽　　마히
제 남편입니다.

C'est ma femme.
쌔　　마 팜
제 아내입니다.

nombreux는 인원이 '많다'는 뜻입니다. 만일, 'nous 우리'가 여자들만 있다면 nombreuses 라고 합니다. 아래의 문장도 같이 응용해 보세요.
Nous sommes peu nombreux. 우리는 별로 많지 않습니다.

C'est ~ / Ce sont ~
'이 사람[이것]은 ∼이다'의 뜻으로 c'est는 단수일 때 ce sont은 복수일 때 씁니다.
C'est mon ami.
내 친구입니다.
Ce sont mes amis.
내 친구들입니다.

여기에서는 '결혼했다'를 표현하기 위해 'être+과거분사'를 사용합니다. '이혼했다'도 같은 공식을 써서 Je suis divorcé.라고 합니다.

Vous avez des enfants?
부　자베 데　정펑
아이들이 있으신가요?

Oui, j'ai deux enfants.
위　줴 드　정펑
전 아이가 둘 있어요.

Un fils et une fille.
엥 피쓰 에 윈느 피으
아들 하나와 딸 하나입니다.

Je n'ai pas d'enfant.
쥬 내 빠　덩펑
아이가 없어요.

Qu'est-ce que je vous envie.
깨 쓰　끄 즈부　정비
부럽네요.

Je suis célibataire.
쥬 쒸이 쎌리바때흐
전 미혼입니다.

word power 주요표현 단어

combien 꽁비앵	얼마나	**mon/ma/mes** 몽/마/메	나의(소유형용사)
famille 파미으	女 가족	**mari** 마히	男 남편
nombreux 농브흐	수많은	**femme** 팜	女 여자, 아내
c'est 쌔	~이다	**enfant** 엉펑	男 아이
photo 포또	女 사진	**deux** 드	2(숫자)
grand-père 그헝 빼흐	男 할아버지	**fils** 피쓰	男 아들
grand-mère 그헝 매흐	女 할머니	**fille** 피으	女 딸
ce sont 쓰 쏭	~들이다	**envie** 엉비	女 부러움
parents 빠헝	複 부모	**célibataire** 쎌리바때흐	미혼

대명동사

대명동사는 '스스로'의 뜻을 갖고 있으며 동사 원형 앞에 se라는 재귀어가 붙는 것으로 구분합니다. 재귀어는 인칭에 따라 다음과 같이 바뀝니다.

se réveiller : (스스로) 깨어나다

Je **me** réveille.
Tu **te** réveilles.
Il[Elle] **se** réveille.
Nous **nous** réveillons.
Vous **vous** réveillez.
Ils[Elles] **se** réveillent.
재귀어

se réveiller는 대명동사지만 앞 문법이야기에서 본 바와 같이 1군 동사의 어미인 er를 가졌으므로 1군 동사의 규칙에 따라 변형됩니다. 대명동사와 일반동사의 차이를 보자면, Je réveille Paul. '나는 폴을 깨운다.'는 내가 '누구를/무엇을 ~하다'인 반면, Je me réveille. '나는 깬다.'는 '나는 나 스스로를 깨운다.'가 됩니다.

대명동사로 부정문을 만들 때에는 '주어+ne+재귀어+동사+pas' 순으로 씁니다.

Je ne me réveille pas. 나는 깨어나지 않는다.
주어 재귀어 동사

재귀어의 의문문은 스타일에 따라 아래와 같이 씁니다.

Tu te rases? 너는 면도하니? ← 긍정문에 톤을 높여 말합니다.

Est-ce que tu te rases?

Te **rases-tu**? ← 도치는 '재귀어+동사+주어' 순입니다.

• **많이 사용하는 대명동사들**

se réveiller : 깨어나다	se lever : 일어나다
se laver : 씻다	se maquiller : 화장하다
se raser : 면도하다	s'habiller : 옷을 입다 ↔ se déshabiller : 옷을 벗다
s'amuser : 놀다, 즐기다	se promener : 산책하다
se reposer : 쉬다	se coucher : 잠자리에 들다
s'appeler : ~라고 불리다, (이름이) ~이다	

연습문제

1. 다음 문장을 프랑스어로 바꿔보세요.

1) 가족이 몇 분이신가요?

2) 막내이신가요?

3) 몇 살이신가요?

4) 전 20살이에요.

2. 주어진 질문에 알맞은 응답을 고르세요.

Vous êtes étudiant?
학생이신가요?

1) Oui, je suis français.
2) Oui. Je suis en première année.
3) Oui, j'ai 25 ans.
4) Oui, nous sommes 5.

3. 주어진 질문에 알맞은 응답을 고르세요.

Vous êtes combien dans la famille?
가족이 몇 분이신가요?

1) Nous sommes 3.
2) Nous avons 3 filles.
3) Nous mangeons 3 pains.
4) Nous avons 3 amis.

정답

1. 1) Vous êtes combien dans la famille?   2) Vous êtes le dernier?   3) Vous avez quel âge?   4) J'ai 20 ans.   **2.** 2)   **3.** 1)

가족 · 친척 관련 단어

le grand-père 할아버지
르 그헝 빼흐

la grand-mère 할머니
라 그헝 매흐

le père 아버지
르 빼흐

la mère 어머니
라 매흐

le fils 아들
르 피쓰

la fille 딸
라 피으

le petit-fils 손자
르 쁘띠 피쓰

la petite-fille 손녀
라 쁘띠뜨 피으

les parents 레 빠헝	부모	**la fille unique** 라 피으 위닉끄	외동딸
le papa 르 빠빠	아빠	**la belle-sœur** 라 밸 쐬흐	처형, 처제, 시누이
la maman 라 마멍	엄마	**le beau-frère** 르 보 프해흐	처남, 시동생
la femme 라 팜	부인	**la belle-fille** 라 밸 피으	며느리
le mari 르 마히	남편	**le beau-fils** 르 보 피쓰	사위
la parenté 라 빠헝떼	친척	**la belle-mère** 라 밸 매흐	장모, 시어머니, 계모
le frère 르 프해흐	남자 형제	**le beau-père** 르 보 빼흐	장인, 시아버지, 계부
la sœur 라 쐬흐	여자 형제	**la mère adoptive** 라 매흐 아돕띠브	양어머니
l'oncle 롱끌르	아저씨 (숙부, 백부, 삼촌)	**le père adoptif** 르 빼흐 아돕띠프	양아버지
		le fils adoptif 르 피쓰 아돕띠프	수양아들
la tante 라 떵뜨	아주머니 (숙모, 백모, 이모)	**la fille adoptive** 라 피으 아돕띠브	수양딸
		l'enfant adopté 렁펑 아돕떼	입양아
le neveu 르 느브	남자 조카	**le veuf** 르 브프	홀아비
la nièce 라 니애쓰	여자 조카	**le fils unique** 르 피쓰 위닉끄	외동아들
la veuve 라 브브	과부		

프랑스인들에게 커플의 삶이란?

　두 남녀가 자신들의 가정을 떠나 새로운 가정의 형태를 갖추기 위해 선택하는 '결혼'은 우리나라 사람들에게는 당연한 통과의례일 것입니다. 프랑스 사람들의 결혼식은 웨딩홀이 아닌 시청에서 치르는 '법적인 결혼(mariage civil)'과 성당에서 치르는 '종교적 결혼(mariage religieux)' 등 두 가지의 방식으로 나뉘는데, 둘 중 한 가지의 결혼 방식을 선택하거나 두 가지를 다 치르는 커플도 있습니다. 결혼식은 보통 토요일에 진행이 되며 우리나라처럼 축의금을 주는 것이 아니라 신랑, 신부가 미리 적어 둔 혼수 목록(liste de mariage)에서 선물을 받는 전통이 있습니다. 몇몇 커플은 초대 손님들의 전체로부터 여행을 선물로 받기를 원하기도 합니다.

　결혼 연령은 점점 늦춰져 여자는 평균 29.5세 때, 남자는 31세 때 결혼을 하는데 결혼식을 하기 전에 먼저 동거(union libre)를 하기도 합니다. 동거는 결혼 전의 임시적인 상황으로 선택하는 커플도 많지만 동거를 했다고 해서 모두 결혼으로 이어지는 것은 아닙니다. 결혼보다는 동거라는 생활 방식을 더 선호하는 사람들도 있기 때문입니다. 뿐만 아니라 프랑스는 동거 상태로 있는 커플들이 결혼한 커플의 수보다 훨씬 많고 2008년에는 52%의 아이들이 혼외 상태에서 태어났다고 합니다.

　이에 1999년에는 시민연대협약(PACS)이 제정되면서 결혼하지 않은 커플도 결혼한 커플과 비슷한 사회적 권리를 가질 수 있게 되었습니다. 2008년에는 14,000개 이상의 시민연대협약(PACS)이 서명되었다고 합니다.

Unité 10

Que faites-vous dans la vie?
어떤 일을 하세요?

기본회화

Patricia : **Que faites-vous dans la vie?**
끄　패뜨부　덩　라비

Jean : **Je travaille chez ABC.**
쥬　트하바이　쉐　아베쎄

Je suis directeur commercial.
쥬　쒸이　디헥뙤흐　꼬매흐씨알

Patricia : **Depuis combien de temps travaillez-vous?**
뜨쀠이　꽁비앵　드　떵　트하바이예 부

Jean : **Cela fait déjà 5 ans.**
쓸라　패　데쟈　쌩껑

Et vous? Qu'est-ce que vous faites comme métier?
에 부　깨쓰　끄　부　패뜨　꼼　메티에

Patricia : **Moi, je suis dans une compagnie aérienne.**
무와　쥬 쒸이　덩　쥔느　꽁빠니　아에히앤느

Je suis hôtesse de l'air.
쥬 쒸이　오때쓰　드 래흐

파트리시아 : 어떤 일을 하세요?
쟝 : ABC사에서 일해요.
　　　나는 영업 부장입니다.
파트리시아 : 일하신 지 얼마나 되셨나요?
쟝 : 벌써 5년 됐어요.
　　　당신은요? 어떤 일에 종사하시나요?
파트리시아 : 저는 항공사에 있어요.
　　　승무원이에요.

1. Que faites-vous dans la vie? 어떤 일을 하세요?

vie는 '인생, 삶'이란 뜻으로 Que faites-vous dans la vie?를 직역하면 '인생 속에서 무엇을 하나요?'라는 의미가 됩니다. 직업을 물어볼 때에는 위의 표현뿐만 아니라 다음과 같은 표현도 쓸 수 있습니다.

Qu'est-ce que vous faites comme métier? 께 쓰 끄 부 페뜨 꼼 메티에

Vous travaillez dans quoi? 부 트하바이예 덩 꾸아

Quelle est votre profession? 껠 에 보트흐 프호페씨옹

profession 프호페씨옹 직업

2. Je travaille chez ABC. ABC사에서 일해요.

자신의 활동은 아래와 같이 다양하게 표현할 수 있습니다.

travailler dans+활동분야

Je *travaille dans* l'enseignement.
나는 교육 관련 일을 합니다.

travailler comme+직업

Je *travaille comme* serveur dans un restaurant.
나는 식당에서 종업원으로 일하고 있습니다.

serveur 쌔흐버 종업원

3. Depuis combien de temps travaillez-vous? 일하신 지 얼마나 되셨나요?

combien은 '얼마나'의 의미로 depuis(~전부터) 앞에 붙이면 '얼마 전부터'가 되고, combien 뒤에 pendant(~동안)을 붙이면 '얼마 동안'이 됩니다.

Vous dormez *pendant combien* de temps? 얼마 동안이나 자나요?

새로 나온 단어

vie 비	인생, 삶	**temps** 떵	시간, 때
travaille 트하바이	travailler(일하다)의 현재형	**déjà** 데쟈	벌써, 이미
		ans 엉	나이, 연(年)의 복수
directeur 디헥뙤흐	감독	**métier** 메티에	직업
commercial 꼬매흐씨알	상업의	**compagnie aérienne** 꽁빠니 아에히앤느	항공사
depuis 드쀠이	~전부터		
combien 꽁비앵	얼마나	**hôtesse de l'air** 오때쓰 드 래흐	승무원

주요표현

직업을 물어볼 때에는,
Qu'est-ce que vous faites
comme métier?
Quelle est votre profession?
Quel métier faites-vous?
등을 쓸 수 있습니다.

Que faites-vous dans la vie?
꼬 패뜨부 덩 라 비
어떤 일을 하세요?

Qu'est-ce que vous faites comme métier?
깨 쓰 꼬 부 패뜨 꼼 메티에
어떤 일에 종사하시나요?

Je gère une épicerie.
쥬 재흐 윈느 에삐쓰히
식료품 가게를 운영해요.

travailleur indépendant은 '프
리랜서'인데, 영어의 freelance
라는 단어를 그대로 쓰기도 합
니다.
Je travaille en freelance.
나는 프리랜서로 일해요.

Je suis travailleur indépendant.
쥬 쒸이 트하바이외흐 앵데뻥덩
프리랜서입니다.

Je suis salarié.
쥬 쒸이 쌀라히에
급여생활자입니다.

Où est-ce que vous travaillez?
우 애쓰 꼬 부 트하바이예
어디에서 일하시나요?

Je travaille pour l'entreprise ABC.
쥬 트하바이 뿌흐 렁트흐프히즈 아베쎄
ABC사에서 일합니다.

Je suis responsable du service commercial.
쥬 쒸이 해스뽕싸블르 뒤 쌔흐비쓰 꼬매흐씨알
영업부의 책임자입니다.

Je suis au chômage.
쥬 쒸이 오 쇼마쥬
나는 실업중입니다.

travail는 '일, 업무'란 뜻으로
boulot로 대체하여 쓰이기도 합
니다.
J'ai perdu mon boulot.
나는 직장을 잃었어요.

J'ai perdu mon travail.
줴 빼흐뒤 몽 트하바이
나는 직장을 잃었어요.

> **Tip**
> licenciement은 '해고'이며 'licencier 해고하다' 동사가 있습니다.
> Je suis licencié.
> 나는 해고됐어요.

J'ai reçu un avis de licenciement.
줴 흐쒸 엥 나비 드 리썽씨멍
해고 통지서를 받았어요.

Je cherche un emploi.
쥬 쉐흐슈 엥 넝쁠루아
일자리를 찾고 있어요.

Quel type de travail voulez-vous?
깰 띠쁘 드 트하바이 불레 부
어떤 일을 원하세요?

> **Tip**
> je travaille는 '일하다'라는 뜻으로, je bosse로 바꿔 쓰기도 합니다.

Je travaille à temps partiel.
쥬 트하바이 아 떵 빠흐씨엘
시간제로 일해요.

주요표현 단어

vie 비	인생, 삶
métier 메티에	男 직업
gère 재흐	gérer(관리하다)의 현재형
épicerie 에삐쓰히	女 식료품점
travailleur indépendant 트하바이외흐 앵데뼁덩	프리랜서
salarié 쌀라히에	男 급여생활자
travaillez 트하바이예	travailler(일하다)의 현재형
entreprise 엉트흐프히즈	女 회사
responsable 해쓰뽕싸블르	책임자
service 쌔흐비쓰	男 서비스
commercial 꼬매흐씨알	상업의, 영업의
chômage 쇼마쥬	男 실업
perdu 빼흐뒤	perdre(잃다)의 과거분사
travail 트하바이	男 일, 업무
reçu 흐쒸	recevoir(받다)의 과거분사
avis de licenciement 아비 드 리썽씨멍	男 해고 통지
cherche 쉐흐슈	chercher(찾다)의 현재형
temps partiel 떵 빠흐씨엘	男 파트타임, 시간제

문법이야기

소유형용사

소유형용사는 그 뒤에 따라오는 명사의 성별 또는 수에 따라 다음과 같이 사용됩니다.

	남성 명사	여성 명사	(남/여) 복수 명사
나의	mon	ma	mes
너의	ton	ta	tes
그의/그녀의	son	sa	ses
우리의	notre	notre	nos
당신의/당신들의	votre	votre	vos
그들의/그녀들의	leur	leur	leurs

mon père(남성 명사) 나의 아버지

ma mère(여성 명사) 나의 어머니

mes parents(복수 명사) 나의 부모님

여성 명사가 모음이나 무음 h로 시작하는 경우 ma, ta, sa 대신 mon, ton, son을 사용하며 소유형용사와 명사를 연이음 합니다.

ma amie (×) → **mon** amie (○) 나의 (여자)친구
연이음

ta armoire (×) → **ton** armoire(○) 너의 옷장
연이음

● **지시형용사**

'이, 저'의 뜻으로 가깝거나 멀리 있는 사람 또는 사물을 가리킬 때 씁니다. 그리고 지시형용사도 뒤에 따라오는 명사의 성별 또는 수에 따라 단어를 달리 사용합니다.

남성 단수	ce + 자음으로 시작하는 명사 cet + 모음으로 시작하는 명사 또는 무음 h로 시작하는 명사	**ce** livre 쓰 리브흐　　이/저 책 **cet** arbre 쎗 따흐브흐 이/저 나무 　　연이음 **cet** homme 쎗 옴　　이/저 남자 　　연이음
여성 단수	cette	**cette** femme 쎗 팜　　이/저 여자
남/여성 복수	ces	**ces** photos 쎄 포또　　이/저 사진들

★cet 뒤에 모음이나 무음 h로 시작하는 단어가 오는 경우 연이음을 합니다.

1. 아래의 문장을 프랑스어로 바꿔 보세요.

1) 벌써 5년 됐어요.

2) 저는 승무원이에요.

3) 저는 파트타임으로 일해요.

2. 주어진 말에 대한 응답으로 적당한 것을 고르세요.

> **Que faites-vous dans la vie?**
> 어떤 일을 하시나요?

1) Je suis étudiant.

2) Je parle français.

3) Je suis au restaurant.

4) Je suis grand.

3. 주어진 말에 대한 응답으로 적당한 것을 고르세요.

> **Depuis combien de temps travaillez-vous?**
> 일하신 지 얼마나 됐나요?

1) Je travaille longtemps.

2) Je travaille depuis 3 ans.

3) Je travaille tous les jours.

4) Je travaille de temps en temps.

4. 주어진 말과 같지 않은 표현을 고르세요.

> **Que faites-vous dans la vie?**
> 무슨 일을 하시나요?

1) Qu'est-ce que vous faites comme métier?

2) Quelle est votre profession?

3) Quel métier faites-vous?

4) Qu'est-ce que vous faites demain?

정답

1. 1) Cela fait déjà 5 ans.　 2) Je suis hôtesse de l'air.　 3) Je travaille à temps partiel.　 **2.** 1)　 **3.** 2)
4. 4)

---

note

- déjà : 벌써
- hôtesse de l'air : 승무원
- temps partiel : 파트타임

- étudiant : 학생
- grand : 큰

- longtemps : 오랫동안
- tous les jours : 매일
- de temps en temps : 때때로, 이따금

- métier : 직업
- profession : 직업
- demain : 내일

직업 이름

 **le policier** 경찰관
르 뽈리씨에

 **le joueur** 운동선수
르 주외흐

 **le docteur** 의사
르 독뙤흐

 **le peintre** 화가
르 뺑트흐

 **l'ouvrier** 노동자
루브히에

 **le coiffeur** 미용사
르 꾸와푀흐

 **l'agriculteur** 농부
라그히뀔뙤흐

 **le cuisinier** 요리사
르 뀌지니에

le fonctionnaire 르 퐁씨오내흐	공무원	**le directeur** 르 디핵뙤흐 — 감독
le soldat 르 쏠다	병사	**l'acteur** 락뙤흐 — 배우
le pilote 르 삘로뜨	비행사	**le président** 르 프헤지덩 — 사장
le maître 르 매트흐	선생님	**l'électricien** 렐렉트히씨앵 — 전기기사
l'élève 렐래브	학생	**l'ingénieur** 랭제니외흐 — 기술자
le professeur 르 프호패쐬흐	교수	**l'employé de bureau** 렁쁠루와이예 드 뷔호 — 사무직
l'avocat 라보까	변호사	**le secrétaire** 르 쓰크헤때흐 — 비서
l'architecte 라흐쉬땍뜨	건축가	**l'employé de banque** 렁쁠루와이예 드 벙끄 — 은행원
l'homme politique 롬 뽈리띡끄	정치가	**le vendeur** 르 벙되흐 — 판매원
le journaliste 르 쥬흐날리스뜨	기자	**le chauffeur** 르 쇼푀흐 — 운전사
l'infirmier 랭피흐미에	간호사	**la femme au foyer** 라 팜 오 푸와이예 — 주부
l'artiste 라흐띠스뜨	예술가	**le marchand** 르 마흐셩 — 상인
le dirigeant 르 디히정	지휘자	**le chef** 르 쉐프 — 주방장

▶ 직업 명사들은 '주부'와 같이 여성을 겨냥한 직업이 아니라면 보통 남성형 명사로 되어 있습니다. 위의 직업을 여성이 한다면 명사 변화 공식에 따라 여성형으로 바꿀 수 있습니다.

프랑스의 상징, 마리안(Marianne)

마리안(Marianne)은 이름의 기원은 정확하지 않지만 18세기 당시 프랑스에서 여자 이름으로 널리 사용되던 마리(Marie)와 안(Anne)이 합쳐진 이름입니다. 이 두 이름들이 특히 시골이나 부르주아(bourgeois)라 일컫는 중산계층의 집에서 일하던 하인들에게서 흔히 볼 수 있었던 만큼 마리안(Marianne)은 1789년 프랑스 혁명 이후 국민들의 마음속에 더욱 자리잡을 수 있는 이름이 되었을 것이라 여겨집니다. 마리안이란 이름은 1668년 유명한 극작가인 몰리에르(Molière)의 수전노(l'Avare)에서 아르파공과 그의 아들이 사랑에 빠진 젊은 여성의 이름으로도 등장합니다. 이 극은 전통으로 강요된 선택에 맞서 선택의 자유를 묘사하고 있는데 마리안이라는 이름이 프랑스의 상징이 된 것이 우연이 아닌 것 같습니다.

마리안은 그리스와 로마에서 해방된 노예들이 쓰던 자유의 상징인 프리지아 모자를 쓴 여인의 모습을 갖추고 있어 프랑스 공화국을 잘 구현하고 있는 상징 중 하나입니다. 1877년 이후 흉상 형태로 제작된 마리안 상은 시청에 널리 등장하기 시작하면서 나폴레옹 3세 상을 대체하게 됩니다. 20세기 초반부터 마리안은 주화 및 우표와 같은 대중을 위한 물건 속에서도 만날 수 있게 되었습니다.

Je vais à l'école.
나는 학교에 가요.

기본회화

Madame Lucré : **Bonjour Paul. Où vas-tu?**
봉쥬흐　　　뽈　우　바 뛰

Paul : **Bonjour madame Lucré. Je vais à l'école.**
봉쥬흐　　　마담　　　뤼크헤　　　쥬 배　　아 레꼴

Madame Lucré : **Tu es en quelle classe maintenant?**
뛰 애 엉 깰　　　끌라쓰　　맹뜨넝

Paul : **Je suis en sixième.**
쥬 쒸이　엉　씨지엠

Madame Lucré : **Déjà? Qu'est-ce que tu as grandi!**
데쟈　　깨 쓰　　　끄 뛰 아 그헝디

Alors les cours sont intéressants?
알로흐　레　꾸흐　쏭　　땅떼해썽

Paul : **Oui, sauf les maths.**
위　　쏘프　레　마뜨

해석

뤼크레 부인 : 안녕, 폴. 어디 가니?
폴 : 안녕하세요, 뤼크레 아주머니. 저는 학교에 가요.
뤼크레 부인 : 너는 지금 몇 학년이니?
폴 : 저는 중1이에요.
뤼크레 부인 : 벌써? 어쩜 이렇게 컸니!
　　　　　　　수업들은 재미있니?
폴 : 네, 수학은 제외하고요.

1. Je vais à l'école. 나는 학교에 가요.

Je vais는 '나는 간다'라는 뜻으로 뒤에 장소 관련 단어를 넣어 '~에 간다'를 만들 수 있습니다.

Je vais au bureau. 나는 사무실에 갑니다.

Je vais chez moi. 나는 집에 갑니다.

2. Tu es en quelle classe? 몇 학년이니?

classe는 '교실'이라는 뜻이나 en quelle classe라는 표현을 쓰면 '몇 학년'이 됩니다. 대학생에게는 vous êtes en quelle année? '몇 학년인가요?'라고 합니다.

3. Je suis en sixième. 나는 중1입니다.

프랑스의 학년은 초등부 5년(CP, CE1, CE2, CM1, CM2), 중등부 4년(sixième, cinquième, quatrième, troisième), 고등부 3년(seconde, première, terminale) 순서로 이루어집니다. teminale 즉, 우리나라의 고3이 될 때 '바깔로레아(baccalauréat)' 졸업증서를 취득해야만 중등교육 과정을 이수했음을 공식 승인받게 됩니다. 뿐만 아니라 고등교육과정에 입학할 수 있는 자격이 주어져 우리나라의 경우 대학 합격증에 준합니다.

4. Qu'est-ce que tu as grandi! 어쩜 이렇게 컸니!

qu'est-ce que는 '무엇'이라는 질문용 표현이지만 느낌표를 넣어 감탄사로 쓸 수도 있습니다.

Qu'est-ce que tu manges? 너는 무엇을 먹어?

Qu'est-ce que tu es belle! 너는 어쩜 이렇게 아름다우니!

> manger 멍줴 먹다
> belle 벨르 아름다운

word 새로 나온 단어

vais 배	aller(가다)의 현재형	**grandi** 그헝디	grandir(자라다)의 과거분사
école 에꼴	囡 학교	**alors** 알로흐	그래서
classe 끌라쓰	囡 교실, 학년	**cours** 꾸흐	男 수업
maintenant 맹뜨넝	지금	**intéressants** 엥떼해썽	흥미로운, 재미있는
sixième 씨지엠	6번째, 중1	**oui** 위	네
déjà 데쟈	벌써, 이미	**sauf** 쏘프	단, ~을 제외하고
qu'est-ce que 깨쓰 끄	무엇	**maths** 마뜨	囡複 수학

주요표현

collège는 '중학교'라는 뜻으로, Je suis collégien(남성인 경우)/collégienne(여성인 경우).은 '나는 중학생입니다.'가 됩니다. 뿐만 아니라 lycée는 '고등학교'라는 뜻으로, Je suis lycéen(남성인 경우)/lycéenne(여성인 경우).은 '나는 고등학생입니다.'가 됩니다.

Je vais à l'école.
쥬 배 아 레꼴
나는 학교에 가요.

Je vais au collège.
쥬 배 오 꼴래쥬
나는 중학교에 다녀요.

Je vais au lycée.
쥬 배 오 리쎄
나는 고등학교에 다녀요.

초, 중, 고 학생들에게 학년을 물어볼 때 씁니다.

Vous êtes en quelle classe?
부 재트 엉 깰 끌라쓰
당신은 몇 학년인가요?

Je suis en terminale.
쥬 쒸이 엉 때흐미날
저는 고3이에요.

élève는 초, 중, 고 학생을 일컫는 단어이며, 대학생은 étudiant이라고 합니다.

Il y a combien d'élèves dans votre classe?
일 리 아 꽁비앵 델래브 덩 보트흐 끌라쓰
당신의 반에는 몇 명의 학생이 있나요?

Nous sommes 15.
누 쏨 깽즈
우리는 15명이에요.

Je vais à la fac.
쥬 배 아 라 팍
나는 대학교에 갑니다.

대학생의 학년을 물어볼 때 쓰는 표현입니다. 대학교 1학년이면, Je suis en première année. 2학년이면, Je suis en deuxième année. 4학년이면 Je suis en quatrième année.라고 합니다.

Vous êtes en quelle année?
부 재뜨 엉 깰 아네
당신은 몇 학년인가요?

Je suis en troisième année.
쥬 쒸이 엉 트후와지앰 아네
나는 3학년이에요.

Je prends.는 '나는 탄다.'로 그 뒤에 이동수단 관련 명사를 넣으면 '〜을 탄다'로 응용할 수 있습니다.
Je prends le métro.
전철을 타요.
Je prends l'avion.
비행기를 타요.

Je vais.는 '나는 갑니다.'입니다. 여기에 y를 넣으면 '거기'가 추가됩니다. 이 뒤에 en 또는 전치사 à를 넣어 '〜로 간다'를 만들 수 있습니다.
J'y vais à vélo.
나는 거기에 자전거로 갑니다.
J'y vais en taxi.
나는 거기에 택시로 갑니다.

Qu'est-ce que vous prenez pour aller à l'école?

깨쓰 끄 부 프흐네 뿌흐 알레 아 레꼴

당신은 학교에 무엇을 타고 가나요?

Je prends le bus.

쥬 프헝 르 뷔쓰

나는 버스를 타요.

Je vais à pied.

쥬 배 아 피에

나는 걸어서 가요.

J'y vais en métro.

지 배 엉 메트호

나는 거기에 전철로 가요.

Quelle matière aimez-vous?

깰 마띠애흐 애메 부

당신은 어떤 과목을 좋아하나요?

Je préfère la musique.

쥬 프헤패흐 라 뮈지끄

나는 음악을 선호합니다.

주요표현 단어

단어		뜻
collège 꼴래쥬	男	중학교
lycée 리쎄	男	고등학교
classe 끌라쓰	女	교실, 반
combien 꽁비앵		얼마나
élève 엘래브		학생
fac 팍	女	faculté의 줄임말, 단과대학
année 아네	女	학년, 연도
troisième 트후와지앰		3학년, 3번째
école 에꼴	女	학교
prends 프헝		prendre(타다, 갖다)의 현재형

단어		뜻
bus 뷔쓰	男	버스
pied 삐에	男	발
y 이		거기
métro 메트호	男	전철
matière 마띠애흐	女	과목, 물질
aimez 애메		aimer(좋아하다, 사랑하다)의 현재형
préfère 프헤패흐		préférer(선호하다)의 현재형
musique 뮈지끄	女	음악

3군 동사 – 첫 번째 이야기

3군 동사는 불규칙 동사이기 때문에 모든 3군 동사에 맞는 공식은 따로 없지만 이들 중에서도 비슷하게 변형되는 동사들이 드물게 있습니다. 작문 또는 회화에서 기본적으로 많이 사용하는 3군 동사는 다음과 같습니다.

sortir : 나가다	
Je sor**s**.	sortir은 2군 동사와 같은 어미인 -ir을 갖고 있으나 불규칙 변형으로 3군 동사에 해당됩니다. sortir처럼 변형되는 동사는 partir(떠나다, 출발하다), dormir(자다), servir(음식을 내놓다, 대접하다) 등이 있습니다.
Tu sor**s**.	
Il[Elle] sor**t**.	
Nous sort**ons**.	
Vous sort**ez**.	Elle **sort** de chez elle. 그녀는 그녀의 집에서 나와요.
Ils[Elles] sort**ent**.	Julien **part** en voitrue. 쥴리엥은 자동차로 떠나요.
	Je **dors** à 8 heures. 나는 8시에 자요.
	Marie **sert** du gâteau. 마리는 케이크를 대접해요.

faire : 하다	dire : 말하다	
Je fais.	Je dis.	
Tu fais.	Tu dis.	faire와 dire 동사는 vous(당신)에서 -tes로 끝나는 공통점이 있습니다.
Il[Elle] fait.	Il[Elle] dit.	
Nous faisons.	Nous disons.	Je **fais** les courses. 나는 장을 봐요.
Vous fai**tes**.	Vous di**tes**.	Elle **dit** la vérité. 그녀는 진실을 말해요.
Ils[Elles] font.	Ils[Elles] disent.	

vouloir : 원하다	pouvoir : 할 수 있다	
Je veu**x**.	Je peu**x**.	vouloir과 pouvoir은 -oir로 끝난다는 공통점이 있는데, 같은 어미로 변형이 됩니다.
Tu veu**x**.	Tu peu**x**.	
Il[Elle] veu**t**.	Il[Elle] peu**t**.	Je **veux** regarder la télé.
Nous voul**ons**.	Nous pouv**ons**.	나는 TV를 보고 싶어요.
Vous voul**ez**.	Vous pouv**ez**.	Sylvain **peut** venir.
Ils[Elles] veul**ent**.	Ils[Elles] peuv**ent**.	실벵은 올 수 있어요.

1. 아래의 질문에 알맞지 않은 답을 고르세요.

Que prenez-vous pour aller à l'école ?
학교에 무엇을 타고 가나요 ?

1) Je prends le bus.
2) Je vais à pied.
3) J'y vais en métro.
4) Je vais manger.

2. 아래의 질문에 가장 알맞은 답을 고르세요.

Quelle matière aimez-vous ?
어떤 과목을 좋아하나요 ?

1) Je préfère la musique.
2) Je déteste la musique.
3) J'aime Paris.
4) J'écoute de la musique.

3. 아래의 문장을 프랑스어로 바꾸세요.

1) 나는 학교에 가요.

2) 나는 대학교에 갑니다.

3) 나는 걸어서 가요.

4. 아래의 질문과 비슷한 문장을 고르세요.

Tu es en quelle classe ?
몇 학년이니?

1) Tu es né en quelle année?
2) Tu es en quelle année?
3) Tu es dans ta classe?

note

- prendre : 타다
- vais : aller(가다)
- pied : 발
- manger : 먹다

- préférer : 선호하다
- détester : 싫어하다
- aimer : 좋아하다
- écouter : 듣다

- l'école : 학교
- la fac : 단과대학, 학부
- à pied : 걸어서

- classe : 교실
- né : naître(태어나다)의
  과거분사
- dans : 안에

정답

1. 4)   2. 1)   3. 1) Je vais à l'école.   2) Je vais à la fac.   3) Je vais à pied.   4. 2)

문방구 관련 단어

le crayon 연필
르 크해이용

le stylo à plume 만년필
르 스띨로 아 쁠륌

l'encre 女 잉크
렁크흐

la gomme 지우개
라 곰

le cahier 공책
르 꺄이에

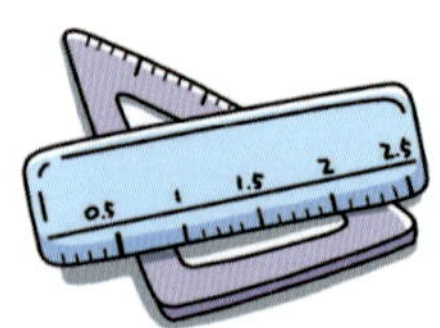

la règle 자
라 해글르

le compas 컴퍼스
르 꼼빠

les ciseaux 男複 가위
레 씨조

le bic 르 빅	펜	**le réveil** 르 헤배이	알람시계
le stylo à bille 르 스띨로 아 비으	볼펜	**le sablier** 르 싸블리에	女 모래시계
le surligneur 르 쒸흐리뇌흐	형광펜	**le globe terrestre**	지구본
le porte-mine 르 뽀흐뜨 민느	샤프 펜슬	르 글로브 때해스트흐	
la trousse 라 트후쓰	필통	**le cutteur** 르 뀌뙤흐	칼
le livre 르 리브흐	책	**la punaise** 라 쀠내즈	압정
le papier 르 빠삐에	종이	**l'épingle** 레뺑글르	女 핀
le papier de couleur	색종이	**le porte-crayon** 르 뽀흐뜨 크해이용	연필꽂이
르 빠삐에 드 꿀뢰흐		**le taille-crayon** 르 따이 크해이용	연필깎이
l'enveloppe 렁블로쁘	女 봉투	**le papillon autocollant**	포스트 잇
le trombone 르 트홍본느	클립	르 빠삐용 오또꼴렁	
l'agrafeuse 라그하프즈	女 스테이플러	**la règle à calcul** 라 해글르 아 깔뀔	계산자
la colle 라 꼴르	풀	**le rapporteur** 르 하뽀흐뙤흐	분도기
le ruban adhésif 르 휘벙 아데지프	접착 테이프	**le carnet** 르 까흐네	수첩
le scotch 르 스꺼츠	스카치 테이프		

프랑스 상징 - 닭(coq gaulois)

프랑스를 여행하다 보면 수탉 조각상, 문양 등을 만날 수 있습니다. 그리고 보니 프랑스 대표 축구팀의 유니폼에도 수탉이 그려져 있고 우리나라에도 유명한 프랑스 스포츠 용품 상표인 '르꼬끄 스포르티브(le coq sportif)'에서 '수탉(le coq)'이란 단어를 찾을 수 있습니다. 맞습니다! 수탉은 프랑스의 상징입니다.

수탉은 라틴어로 갈루스(gallus)라 하는데 프랑스 민족의 선조인 골족(Gaulois)을 동시에 의미하고 있어서 12세기경 프랑스의 적국들이 프랑스인의 선조였던 골족과 그들의 왕이었던 필립 오귀스트(Philippe Auguste)가 가금(家禽)만큼이나 오만하다는 것을 놀리기 위해 사용되기도 했습니다. 그러나 프랑스인들은 수탉이 가지고 있는 서민적인 느낌, 야생성 그리고 용감한 이미지가 그들과 닮았다고 여기게 되었습니다.

16세기부터 조판이나 주화에도 찾아볼 수 있는데 나폴레옹 1세 때에는 약한 동물의 이미지를 가졌다는 이유로 멸시를 당하기도 했지만 1830년부터 의복 단추에 새겨지는가 하면 국민병의 깃발 위에 자리잡기도 하였습니다. 19세기 말에 건설된 엘리제 대통령궁 정원의 담 쇠창살에도 수탉이 장식되어 있습니다. 수탉이 비록 마리안(Marianne) 상보다 프랑스의 상징성으로는 약하지만 프랑스를 환기시킬 때 주로 사용됩니다.

Quel est votre loisir?
취미가 뭐예요?

기본회화

Clément : **Quel est votre loisir?**
깰 애 보트흐 루와지흐

Magalie : **J'adore la musique.**
쟈도흐 라 뮈지끄

Alors je passe des heures à écouter de la musique.
알로흐 쥬 빠쓰 데 죄흐 아 에꾸떼 드 라 뮈지끄

Clément : **Moi, je regarde un bon film à la télé.**
무와 쥬 흐갸흐드 엥 봉 필므 아 라 뗄레

Magalie : **Quel genre de film aimez-vous?**
깰 정흐 드 필므 애메 부

Clément : **J'aime les films policiers.**
젬므 레 필므 뽈리씨에

Et vous?
에 부

Magalie : **Je préfère le film romantique.**
쥬 프헤패흐 르 필므 호멍띡끄

해석

클레망 : 당신의 취미는 뭐예요?
마갈리 : 저는 음악을 매우 좋아해요.
　　　　 그래서 음악을 들으며 시간을 보내요.
클레망 : 저는, 저는 좋은 영화를 텔레비전에서 봐요.
마갈리 : 어떤 장르의 영화를 좋아하나요?
클레망 : 저는 범죄 영화를 좋아해요.
　　　　 당신은요?
마갈리 : 저는 로맨틱 영화를 선호해요.

1. Quel est votre loisir?　취미가 뭐예요?

프랑스 사람들은 보통 음악(la musique) 듣기, 극장(le cinéma)에 가기, 독서(la lecture)하기, 시(la poésie) 쓰기 등의 취미생활을 많이 하고 있습니다.

Je vais au cinéma. 저는 극장에 갑니다.

J'écris de la poésie. 저는 시를 씁니다.

2. je passe des heures à écouter de la musique.　음악을 들으며 시간을 보내요.

passer des heures à는 '~을 하느라 시간을 보낸다'로 그 뒤에 동사원형을 붙입니다.

Je passe des heures à lire des livres. 책들을 읽으며 시간을 보냅니다.

lire 리흐　읽다

3. Quel genre de film aimez-vous?　어떤 장르의 영화를 좋아하나요?

영화의 장르를 물어볼 때 쓰는 표현입니다.

Quel genre de film regardez-vous le plus?

당신은 어떤 장르의 영화를 제일 많이 보나요?

le plus 르 쁠뤼　제일, 가장

4. J'aime le film policier.　저는 범죄 영화를 좋아해요.

좋아하다(aimer), 선호하다(préférer), 매우 좋아하다(adorer), 싫어하다(détester)와 같이 선호도를 나타내는 동사를 사용한 후 명사를 쓰면, 그 명사 앞에는 정관사를 넣어줍니다.

Je *préfère le* journal. 저는 신문을 선호해요.

Je *déteste la* photo. 저는 사진을 싫어해요.

새로 나온 단어

loisir 루와지흐	男 취미	**regarde** 흐갸흐드	regarder(바라보다)의 현재형
adore 아도흐	adorer(매우 좋아하다)의 현재형	**bon** 봉	좋은
		film 필므	男 영화
musique 뮈지끄	女 음악	**télé** 뗄레	女 텔레비전의 줄임말
passe 빠쓰	passer(지나가다, 보내다)의 현재형	**genre** 정흐	男 장르
		policier 뽈리씨에	경찰(의)
écouter 에꾸떼	듣다	**romantique** 호멍띡끄	로맨틱한

주요표현

이 문장은 Comment passez-vous votre temps libre? '여가 시간을 어떻게 보내시나요?'로도 쓸 수 있습니다.

Que faites-vous pendant votre temps libre?
끄　패뜨 부　　뻥덩　　보트흐 떵　리브흐
여가 시간 동안 무엇을 하시나요?

Je lis des livres.
쥬 리 데　리브흐
저는 책들을 읽어요.

Je vais à la mer pour pêcher.
쥬 배　아 라 매흐 뿌흐 빼쉐
낚시를 하기 위해 바다로 가요.

'je vais à + 장소'는 '〜에 간다'는 표현입니다.

Je vais à la montagne.
쥬 배　아 라 몽따니으
산에 갑니다.

Je fais du golf.
쥬 패　뒤 골프
골프를 해요.

Je vais à la piscine.
쥬 배　아 라 삐씬느
수영장에 가요.

J'écris des poèmes.
제크히　데　뽀엠므
시들을 써요.

Je me promène souvent.
쥬 므 프호맨느　쑤벙
저는 자주 산책을 해요.

en 뒤에 이동수단을 붙이면 '〜로'가 됩니다.
en taxi 택시로
en train 기차로
en avion 비행기로
en métro 전철로

Je vais à la campagne en voiture.
쥬 배　아 라 껑빠니으　　엉 부와뛰흐
자동차로 시골에 가요.

Je n'ai pas de temps libre.
쥬 내 빠 드 떵　리브흐
저는 여가 시간이 없어요.

Je danse ou je chante.
쥬 덩쓰　우 쥬 성뜨

저는 춤을 추거나 노래를 불러요.

Si on allait au cinéma?
씨 오 날래 오 씨네마

우리 극장에 가면 어떨까?

Il y a un bon film à la télé.
일 리 아 엥 봉　필므 아 라 뗄레

TV에서 좋은 영화를 해요.

Ce week-end, je fais des magasins.
쓰 위깬드　쥬 패 데 마가쟁

이번 주말에 저는 쇼핑을 해요.

Je rends visite à ma grand-mère.
쥬 헝　비지트 아 마 그헝 매흐

할머니댁에 방문해요.

Vous venez avec nous?
부　브네　아백끄 누

우리와 함께 가실래요?

주요표현 단어

pendant 뻥덩	~동안	**chante** 셩뜨	chanter(노래 부르다)의 현재형
temps libre 떵 리브흐	男 여가 시간		
livres 리브흐	男 책	**allait** 알래	aller(가다)의 반과거형
pêcher 빼쉐	낚시하다	**cinéma** 씨네마	男 영화관, 영화
piscine 삐씬느	女 수영장	**film** 필므	男 영화
poèmes 뽀앰므	男 시	**magasins** 마가쟁	男 상점
me promène 므 프호맨느	se promener(산책하다)의 현재형	**rends visite** 헝 비지트	rendre visite à(누구를) 방문하다
souvent 쑤벙	자주	**grand-mère** 그헝 매흐	女 할머니
campagne 껑빠니으	女 시골	**venez** 브네	venir(오다)의 현재형
danse 덩쓰	danser(춤추다)의 현재형		

의문사

1. 의문대명사

의문대명사는 '누구, 무엇'을 의미하는 질문 형태를 말합니다.

1) '누구, 누가, 누구를'의 뜻 : qui

Qui a vu mon livre? 내 책 누가 봤어?

Avec **qui** viens-tu? 너 누구와 함께 오니?

qui 앞에 넣는 전치사에 따라 à qui(누구에게), avec qui(누구와 함께), pour qui(누구를 위해) 등의 표현이 됩니다.

2) '무엇, 무엇이, 무엇을'의 뜻 : que, qu'est-ce que, quoi

que, qu'est-ce que, quoi를 이용한 문장의 뜻은 같지만 단어에 따라 어투가 달라질 수 있습니다.

Que mangez-vous? 무엇을 드십니까?(고급스러운 어투)

Qu'est-ce que vous mangez? 무엇을 드시나요?(보통의 어투)

Vous mangez **quoi**? 무엇을 먹어요?(친근한 어투)

2. 의문형용사

의문형용사는 '어떤, 무엇'의 뜻을 갖고 있는데 수식하는 명사의 성별과 수에 따라 달라집니다.

- 명사가 남성 단수인 경우 : **Quel** pantalon voulez-vous? 어떤 바지를 원하시나요?
- 명사가 여성 단수인 경우 : **Quelle** jupe achetez-vous? 어떤 치마를 사시나요?
- 명사가 남성 복수인 경우 : **Quels** livres lisez-vous? 어떤 책들을 읽으시나요?
- 명사가 여성 복수인 경우 : **Quelles** fleurs préférez-vous? 어떤 꽃들을 선호하시나요?

3. 의문부사

의문부사는 크게 5가지가 있는데, où(어디), quand(언제), combien(얼마나), comment(어떻게), pourquoi(왜)입니다.

Où allez-vous? 어디 가시나요?

Quand revenez-vous? 언제 되돌아오시나요?

Combien coûte ce stylo? 이 만년필은 얼마인가요?

Comment dites-vous 'bonjour' en coréen? 한국어로 '봉쥬흐'를 어떻게 말하나요?

Pourquoi est-ce que vous apprenez le français? 왜 프랑스어를 배우시나요?

note

1. 아래의 질문에 알맞은 답을 찾으세요.

> **Que faites-vous pendant votre temps libre?**
> 여가 시간 동안 무엇을 하시나요?

1) Je lis des livres.　　2) Je suis libre.

3) Je cherche la poste.　　4) Il y a un bon film à la télé.

- livres : 책
- libre : 자유로운
- poste : 우체국
- télé : TV

2. 아래의 문장을 해석해 보세요.

1) Je vais à la mer pour pêcher.

2) Je vais à la montagne.

3) Je vais à la piscine.

- mer : 바다
- pêcher : 낚시하다
- montagne : 산
- piscine : 수영장

3. 아래의 (　) 안에 들어갈 말로 알맞을 것을 넣으세요.

1) Je (　　) à la campagne en voiture. 저는 자동차로 시골에 가요.

2) Je (　　) ou je (　　). 저는 춤을 추거나 노래를 불러요.

3) Je (　　) de temps libre. 저는 여가 시간이 없어요.

4) Je (　　) des magasins. 저는 쇼핑을 해요.

- aller : 가다
- danser : 춤추다
- chanter : 노래 부르다
- avoir : 가지다
- faire : 하다

4. 아래의 질문에 가장 어울리지 않는 답을 고르세요.

> **Quel genre de film aimez-vous ?**
> 어떤 장르의 영화를 좋아하시나요 ?

1) J'aime les films policiers.　　2) Je préfère le film romantique.

3) J'aime les poèmes.　　4) Je préfère le film d'action.

- film policier : 범죄 영화
- film d'action : 액션 영화

정답

1. 1)　　**2.** 1) 낚시를 하기 위해 바다로 가요.　2) 산에 갑니다.　3) 수영장에 가요.　　**3.** 1) vais　2) danse, chante　3) n'ai pas　4) fais　　**4.** 3)

취미 관련 단어

le cinéma 영화
르 씨네마

la musique 음악
라 뮈지끄

la lecture 독서
라 렉뛰흐

la peinture 그림
라 뼁뛰흐

la natation 수영
라 나따씨옹

le ski 스키
르 스끼

la pêche 낚시
라 뻬슈

l'alpinisme ㊚ 등산
랄삐니스므

le drame 르 드함므	연극, 드라마	**le jeu électronique** 르 즈 엘랙트로니끄	컴퓨터 게임
la comédie musicale 라 꼬메디 뮈지깔	뮤지컬	**la navigation sur Internet** 라 나비가씨옹 쒸흐 앵떼흐넷	인터넷 검색
l'opéra 로뻬하	㊚ 오페라	**le tennis de table** 르 떼니쓰 드 따블르	탁구
la chanson 라 셩쏭	노래	**le basket-ball** 르 바스껫볼	농구
la danse 라 덩쓰	춤	**le yacht** 르 야트	요트
le ballet 르 발레	발레	**le surf** 르 써프	서핑
la photo 라 포또	사진	**la bicyclette** 라 비씨끌렛트	자전거 타기
la collection 라 꼴랙씨옹	수집	**l'aérobic** 라에호빅	㊛ 에어로빅
le jardinage 르 쟈흐디나쥬	정원 가꾸기	**le yoga** 르 요가	요가
le sport 르 스뽀흐	운동	**la chasse** 라 샤쓰	사냥
le golf 르 골프	골프	**le voyage** 르 부와이야쥬	여행
le billard 르 비야흐	당구	**la cuisine** 라 뀌진느	요리
le tennis 르 떼니쓰	테니스	**l'arrangement floral** 라헝쥬멍 플로할	꽃꽂이
le football 르 풋볼	축구	**le tricotage** 르 트히꼬따쥬	뜨개질
le base-ball 르 바즈볼	야구		

프랑스 사람들의 여가활동

　지난 10년간 주당 일하는 업무 시간이 줄어들고 은퇴 후의 수명이 길어짐에 따라 여가활동이 매우 중하게 여겨지게 되었습니다. 프랑스 사람들이 연간 평균 1,000유로 이상을 지출할 정도로 높은 예산을 여가활동에 할애를 하는데 과연 이들은 휴가 외의 여가시간을 어디서 무엇하며 보낼까요?

　프랑스 사람들은 많은 시간을 집에서 보냅니다. TV에서 뉴스나 영화를 보고 라디오를 듣기도 하며 잡지책이나 책을 읽기도 합니다. 책을 읽는 수가 점점 줄어든다고 하지만 독서는 프랑스 사람들이 여전히 유지하는 여가활동 중 하나입니다. 도서관들이 무료이거나 저렴한 비용으로 이용이 가능하기 때문에 비싼 책을 사서 보기보다는 빌려보는 것을 선호합니다. 프랑스 사람들은 우선 문학 책을 많이 읽고, 시사 관련 책들, 만화나 청소년 책들도 인기가 많습니다.

　프랑스 사람을 집 밖으로 나오게 하려면 극장보다는 운동이 먼저일 것입니다. 15세에서 75세 사이의 프랑스 사람 중 절반은 규칙적으로 운동을 한다고 합니다. 비만이 늘어나는 현대 사회에서 건강하게 사는 것은 매우 중요한 일이기 때문에 프랑스인 3명 중 1명은 긴 산책, 체조, 수영 등의 개인 운동을 합니다. 남성들이 가장 선호하는 운동은 축구이며 그 다음 테니스, 무예 순으로 되어 있고 골프나 승마와 같이 비싼 몇몇 운동들은 덜 대중화되어 있습니다. 스포츠는 함께 즐겨야 더 재미있듯이 자전거 경기인 뚜르 드 프랑스(Tour de France), 월드컵 등의 스포츠가 열리는 동안 광장에 설치된 큰 스크린 앞에 모여 시민들이 함께 즐깁니다.

　프랑스 하면 영화를 빼놓을 수 없습니다. 멀티플랙스의 발전, 다른 유럽 국가보다는 적지만 할리우드 영화 또한 이들을 극장으로 모이게 하는 역할을 합니다. 정부의 재무적인 도움을 받을 정도로 중요한 프랑스 영화 산업은 2008년 자국 영화를 보기 위해 입장한 관객의 수가 45% 정도에 달할 정도라고 합니다.

Unité 13

Quelle est la différence?
차이가 뭔가요?

기본회화

La cliente : **Pardon monsieur,**
빠흐동　　　　므씨으

quelle est la différence entre ces 2 ordinateurs?
깰　　애　라 디페헝쓰　　　　엉트흐　쎄　드 조흐디나뙤흐

Le vendeur : **Le premier est le plus puissant des deux.**
르 프흐미에　　애 르 쁠뤼 쀠썽　　　데 드

Il offre plus de programmes.
일 로프흐 쁠뤼쓰 드 프호그함므

La cliente : **Oui, je vois.**
위　　쥬 부와

Le vendeur : **Le deuxième est un peu moins cher.**
르 드지엠　　애 뗑 쁘 무앙　　쉐흐

La cliente : **Il est à combien?**
일 래 따　꽁비앵

Le vendeur : **Il est à 350 euros.**
일 래 따　트후와썽쌩껑뜨으호

La cliente : **Merci. Je vais un peu réfléchir.**
매흐씨　쥬 배 엥 쁘 헤플레쉬흐

해석

여자 손님 : 실례합니다. 이 두 컴퓨터들의 차이가 무엇인가요?
판매원 : 첫 번째 것이 둘 중에서 성능이 더 좋습니다. 더 많은 프로그램을 제공합니다.
여자 손님 : 네, 그렇군요.
판매원 : 두 번째 것은 조금 덜 비쌉니다.
여자 손님 : 얼마인가요?
판매원 : 350유로입니다.
여자 손님 : 고맙습니다. 생각을 좀 해볼게요.

1. Quelle est la différence entre ces 2 ordinateurs?

이 두 컴퓨터들의 차이가 무엇인가요?

la différence는 '차이'이며, 뒤에 entre(사이)를 붙이면 '~와 ~의 차이'라는 뜻이 됩니다.

Quelle est *la différence entre* Paul et moi? 폴과 나의 차이는 뭐야?

2. Le premier est le plus puissant des deux.

첫 번째 것이 둘 중에서 성능이 더 좋습니다.

plus는 '더'라는 뜻으로 무엇을 비교하고자 할 때 사용됩니다. 비교를 할 때에는 que(~보다)가 자주 동반됩니다.

Max est *plus* grand *que* moi. 막스는 나보다 더 크다.

3. Oui, je vois.   네, 그렇군요.

je vois는 '나는 본다'의 뜻으로, 상황에 따라 무엇 또는 무슨 말인지 알겠다는 의미로도 쓰입니다.

Je vois une voiture. 자동차 1대가 보이네요.

Je vois ce que vous voulez dire. 당신이 말하고자 하는 것이 무엇인지 알겠네요.

4. Il est à combien?   얼마인가요?

한 개의 물품에 대한 가격을 물어볼 때 쓰는 표현이며, 지정하는 물품 명사의 성별에 따라 남성이면 il, 여성이면 elle을 씁니다. 복수인 경우에는 Ils sont à combien?이라고 합니다. 그리고 골라 놓은 물품들의 합계금을 물을 때에는 Ça fait combien?이라고 합니다.

새로 나온 단어

cliente 끌리엉뜨	囡 여자 손님	**programme** 프호그함므	男 프로그램
pardon 빠흐동	실례합니다	**vois** 부와	voir(보다)의 현재형
différence 디페헝쓰	囡 차이	**le deuxième** 르 드지앰	두 번째 (것)
entre 엉트흐	~와 ~의 사이	**un peu** 엥쁘	조금
ordinateurs 오흐디나뙤흐	男 컴퓨터	**moins** 무앙	덜, 적게
le premier 르 프흐미에	첫 번째 (것)	**cher** 쉐흐	男 비싼
le plus 르 쁠뤼	제일	**combien** 꽁비앵	얼마나
puissant 쀠썽	성능이 좋은, 강한	**merci** 매흐씨	감사합니다
offre 오프흐	offrir(제공하다)의 현재형	**réfléchir** 헤플레쉬흐	숙고하다, 생각하다

주요표현

Tip

위 문장에 '~와 ~의 차이'를 추가하려면 entre A et B를 넣으면 됩니다.
Vous pouvez m'expliquer la différence entre le porte-feuille et le porte-monnaie?
지갑과 동전지갑의 차이를 설명해 주실 수 있나요?

Vous pouvez m'expliquer la différence?
부　뿌베　맥쓰쁠리께　라 디페헝쓰
차이를 제게 설명해 주실 수 있나요?

Cette machine à laver est à combien?
쌧뜨　마쉰느　아 라베　애 따 꽁비앵
이 세탁기는 얼마인가요 ?

Elle est plus efficace.
엘　래　쁠뤼　제피까쓰
더 효과적입니다.

Tip

je ne sais pas는 '모르겠다'는 뜻입니다. 거기에 'quoi+동사원형'을 넣으면 '~할지'가 됩니다.
Je ne sais pas quoi manger.
무엇을 먹어야 할지 모르겠어요.

Je ne sais pas quoi choisir.
쥬 느 쌔　빠　꾸와　슈와지흐
무엇을 선택해야 할지 모르겠어요.

J'aimerais quelque chose de moins cher.
쟴므해　깰끄　쇼즈　드　무앵　쉐흐
덜 비싼 것이면 좋겠어요.

Tip

반대로 '싸요.'는 C'est bon marhé.라고 합니다.

C'est cher.
쌔　쉐흐
비싸요.

Ce n'est pas cher.
쓰　내　빠　쉐흐
비싸지 않아요.

Cette machine est trop grande pour moi.
쌧뜨　마쉰느　애　트호 그헝드　뿌흐　무와
이 기계는 제게 너무 커요.

Tip

laquelle은 '어느 것'이란 뜻이며, 지칭하는 명사의 성별에 따라 남성은 lequel, 여성은 laquelle이 됩니다.

Laquelle consomme le plus d'électricité?
라깰　꽁쏨므　르 쁠뤼쓰 델랙트히씨떼
어느 것이 전기를 더 소비하나요?

Avez-vous un autre modèle?
아베 부　엥 노트흐 모댈
다른 모델이 있나요?

Pouvez-vous me montrer cette télévision?

뿌베 부　　　　므 몽트헤　　쌧뜨　떼레비지옹

이 텔레비전을 보여주실 수 있나요?

Est-ce que vous pouvez augmenter le volume?

애 쓰　끄　부　뿌베　오그멍떼　르 볼륌므

소리를 높여 주실 수 있나요?

J'aime bien cette émission.

잼므　비앙 쌧뜨 떼미씨옹

저는 이 방송을 참 좋아합니다.

Vous regardez souvent la télé?

부　　흐갸흐데　쑤벙　　라 뗄레

당신은 TV를 자주 보나요?

Vous devez éteindre votre téléphone ici.

부　드베　에땡느흐　보트흐 뗄레폰느　이씨

여기에서는 전화기를 끄셔야 합니다.

Mon téléphone portable ne marche plus.

몽　뗄레폰느　뽀흐따블르 느 마흐슈　쁠뤼쓰

내 휴대폰이 더 이상 작동이 안 돼요.

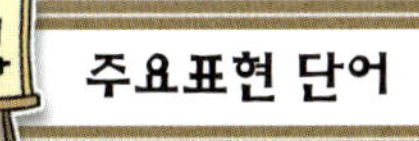

주요표현 단어

expliquer 액쓰쁠리께	설명하다	**télévision** 뗄레비지옹	女	텔레비전
différence 디페헝쓰	女 차이	**augmenter** 오그멍떼		올리다
machine à laver 마쉰느 아 라베	女 세탁기	**émission** 에미씨옹	女	방송
plus 쁠뤼쓰	더	**souvent** 쑤벙		자주
efficace 에피까쓰	효율적인	**éteindre** 에땡드흐		끄다
quelque chose 깰끄 쇼즈	어떤 것, 무엇인가	**téléphone portable**	男	휴대폰
moins 무앙	덜	뗄레폰느 뽀흐따블르		
cher 쉐흐	비싼	**ne ... plus** 느 쁠뤼쓰		더 이상 ～하지 않는다
électricité 엘랙트히씨떼	女 전기	**marche** 마흐슈		marcher(걷다, 작동하다)
montrer 몽트헤	보여주다			의 현재형

c'est와 ce sont

c'est와 ce sont은 사람 또는 사물을 소개하고자 할 때 쓰는 표현으로, c'est는 ce와 être 동사의 3인칭 단수인 est가 축약된 형태입니다. c'est는 '이것[저것/그것]은 ~이다'의 뜻을 가지며 ce sont은 '이것들[저것들/그것들]은 ~이다'의 뜻입니다.

1) 사람을 소개하는 경우

사람의 이름을 쓰는 경우는 관사를 붙이지 않습니다.

C'est Sophie. (이 사람은) 소피입니다.

C'est Max. (이 사람은) 막스입니다.

Ce sont des enfants. (이 사람들은) 아이들입니다.

2) 사물을 소개하는 경우

C'est un stylo. (이것은) 만년필입니다.

Ce sont des stylos. (이것들은) 만년필들입니다.

3) 형용사를 넣는 경우

c'est 뒤에 형용사를 넣어 의견을 나타낼 수 있습니다. 이때에 말하고자 하는 명사가 여성 성별을 갖고 있거나 복수여도 형용사는 남성형 단수 형태로 사용합니다.

La glace, **c'est** bon. 아이스크림은 맛있어.

La mer, **c'est** joli. 바다는 예뻐.

Les roses, **c'est** beau. 장미들은 멋져.

• **c'est와 ce sont을 이용하여 의문문 만들기**

방법	c'est의 경우	ce sont의 경우
동사와 주어를 도치시키기	Est-ce un cahier?	-
Est-ce que 넣기	Est-ce que c'est un cahier?	Est-ce que ce sont des cahiers?
긍정문에 톤을 높여 말하기	C'est un cahier? 이것은 공책인가요?	Ce sont des cahiers? 이것들은 공책들인가요?

ce sont은 도치되어 의문문을 만들지 않습니다.

연습문제

1. 아래의 문장 중에 텔레비전과 관련이 가장 적은 말을 고르세요.

1) Pouvez-vous me montrer cette télévision?

2) Vous regardez souvent la télé?

3) J'aime bien cette émission.

4) Vous devez éteindre votre téléphone ici.

2. 아래의 문장과 의미가 가장 비슷한 것을 고르세요.

> **Ce n'est pas cher.**
> 비싸지 않아요.

1) C'est cher.

2) C'est bon marché.

3) C'est grand.

4) Il coûte 20 euros.

3. 아래의 문장을 해석해 보세요.

1) Mon téléphone portable ne marche plus.

2) Vous pouvez m'expliquer la différence?

3) Cette machine à laver est à combien?

4. plus / moins을 이용하여 (   ) 안을 채우세요.

1) Elle est (   ) efficace.
(기계가) 더 효과적입니다.

2) J'aimerais quelque chose de (   ) cher.
덜 비싼 것이면 좋겠어요.

3) Il offre (   ) de programmes. 프로그램을 더 제공합니다.

note

• montrer : 보여주다

• regarder : 바라보다

• émission : 방송

• téléphone : 전화

• cher : 비싼

• grand : 큰

• coûte : coûter(값이 ~
이다)의 현재형

• marche : marcher(작
동하다)의 현재형

• expliquer : 설명하다

• machine à laver : 세
탁기

• plus : 더

• moins : 덜

• efficace : 효과적인

• offre : offrir(제공하다)
의 현재형

정답

1. 4)   **2.** 2)   **3.** 1) 내 휴대폰이 더 이상 작동이 안 돼요.   2) 차이를 제게 설명해 주실 수 있나요?   3) 이 세탁기는 얼마인가요?   **4.** 1) plus   2) moins   3) plus

전기 · 전자 제품 이름

la télévision 텔레비전
라 뗄레비지옹

le téléphone 전화기
르 뗄레폰느

le ventilateur 선풍기
르 벙띨라뙤흐

le mixeur 믹서기
르 믹쐬흐

l'ordinateur 男 컴퓨터
로흐디나뙤흐

**le réfrigérateur
(le frigo)** 냉장고
르 헤프히제하뙤흐(르 프히고)

le haut-parleur 스피커
르 오 빠흐를뢰흐

le grille-pain 토스터
르 그히으 빵

la vidéo 라 비데오	비디오	**le micro-onde** 르 미크호 옹드	전자레인지
la télécommande 라 뗄레꼬멍드	리모컨	**l'ordinateur portable**	男 노트북 컴퓨터
le caméscope 르 까메스꼽쁘	캠코더	로흐디나뙤흐 뽀흐따블르	
la caméra digitale	디지털 카메라	**le lave-linge / la machine à laver**	
라 까메하 디지딸르		르 라브 랭쥬 / 라 마쉰 아 라베	세탁기
la bouilloire 라 부이와흐	커피포트	**le séche-cheveux**	드라이기
le scanner 르 쓰까내흐	스캐너	르 쎄슈 아 슈브	
l'imprimante 랭프히멍뜨	女 프린터	**l'autocuiseur** 로또뀌죄흐	男 전기밥솥
le système audio 르 씨쓰뗌므 오디오	오디오	**la machine à pain** 라 마쉰느 아 빵	제빵기
la radio 라 하디오	라디오	**le four** 르 푸흐	오븐
le lecteur MP3 르 렉뙤흐 앰뻬트후와	MP3 플레이어	**la cafetière** 라 까프띠애흐	커피기
le magnétophone 르 마녜또폰느	녹음기	**l'air conditionné** 래흐 꽁디씨오네	男 에어컨
l'écouteur 레꾸뙤흐	男 이어폰	**le lampadaire** 르 렁빠대흐	램프 스탠드
le téléphone portable	휴대폰	**l'aspirateur** 라스삐하뙤흐	男 진공 청소기
르 뗄레폰느 뽀흐따블르		**le fer à repasser** 르 패흐 아 흐빠쎄	다리미

프랑스 엿보기

당신은 C'est mon ami(e)이신가요, 아니면 C'est un(e) ami(e)이신가요?

나의 프랑스인 친구 Sophie와 길을 걷다가 우연히 그녀의 친구를 만납니다. Qui est-ce? '누구야?'라는 질문에 내 친구 Sophie는 C'est un(e) ami(e). '친구야.'라고 하며 나를 소개해 줍니다. 그런데 나는 'Sophie와 내가 그 정도의 사이밖에 되지 않았었나?' 하며 생각하게 됩니다. Sophie가 나를 친구라고 소개한 게 잘못된 걸까요?

프랑스 사람들은 친구에 대해 이야기를 할 때 C'est mon ami(e). 또는 C'est un(e) ami(e).라는 말을 합니다. C'est mon ami(e).는 '내 친구야.'라는 말이고 C'est un(e) ami(e).는 정확히 말하면 '어떤 친구야.'라는 말이기 때문에 미묘한 차이가 있습니다. mon(나의)을 쓰는 경우 프랑스인 친구가 나를 특별히 생각한다는 의미가 될 수 있으나 un(e)(어떤)을 쓰는 경우 그저 알고 있는 친구 중 한 명이라는 의미이기 때문에 친구 관계가 가볍게 느껴집니다.

'내 친구'라는 뜻의 mon ami(e)는 남성형, 여성형의 발음이 같기 때문에 발음만 듣고는 친구의 성별을 알아내기가 어렵습니다. 짓궂은 친구들은 '네가 어제 같이 영화를 봤던 ami에 'e'가 있어 없어?'라고 묻기도 합니다. 'e'가 있다면 그건 여자인 친구일 테고, 'e'가 없다면 남자인 친구일 테니까요.

C'est une bonne idée.

좋은 생각이야.

기본회화

Luc : **Tu sais, demain c'est l'anniversaire de Marie.**
뛰 쌔 드맹 쌔 라니배흐쌔흐 드 마히

Véronique : **Ah oui, c'est vrai.**
아 위 쌔 브해

Qu'est-ce qu'on pourrait lui offrir?
깨 쓰 꽁 뿌해 뤼이 오프히흐

Luc : **Tu la connais bien non?**
뛰 라 꼬내 비앵 농

Qu'est-ce qu'elle aime?
깨 쓰 깰 앰므

Véronique : **Attends, et si on lui offrait un jean?**
아떵 에 씨 옹 뤼이 오프해 엥 진

Luc : **Un jean? Tiens, c'est une bonne idée!**
엥 진 띠앵 쌔 뛴느 보니데

Marie a toujours adoré les jeans.
마히 아 뚜쥬흐 아도헤 레 진

해석

뤽 : 너 알지, 내일 마리 생일이야.
베로닉 : 아 그래, 맞아.
　　　무엇을 선물해 줄 수 있을까?
뤽 : 너는 그녀를 잘 알지 않아?
　　　그녀는 무엇을 좋아해?
베로닉 : 기다려 봐, 그녀에게 청바지를 선물하면 어떨까?
뤽 : 청바지? 그래, 좋은 생각이다!
　　　마리는 항상 청바지들을 좋아했어.

1. Qu'est-ce qu'on pourrait lui offrir?   무엇을 선물할 수 있을까?

Qu'est-ce qu'on pourrait ~ ?는 '우리는 무엇을 ~할 수 있을까[해야 할까]?'의 뜻으로 그 뒤에 동사 원형을 넣어 문장을 완성하면 됩니다.

Qu'est-ce qu'on pourrait lui donner?
우리는 그에게[그녀에게] 무엇을 줄 수 있을까[줄까]?

donner 도네 주다

2. Tu la connais bien non?   너는 그녀를 잘 알지 않아?

프랑스어의 '알다'라는 뜻의 동사에는 savoir과 connaître 두 가지가 있습니다. savoir은 그 뒤에 동사원형이나 동사절이 오고, connaître는 명사가 따라옵니다.

3. Attends, et si on lui offrait un jean?   기다려 봐, 그녀에게 청바지를 선물하면 어떨까?

Si on lui offrait ~ ?의 공식은 'Si+주어+동사(반과거형)'인데 '~하면 어떨까'의 뜻으로 상대방에게 무엇을 제안하는 용도로 사용됩니다. 본 문장에서 사용한 on은 '우리'라는 뜻입니다.

Si on mangeait du pain? 우리 빵 먹으면 어떨까?
Si on allait au cinéma? 우리 극장에 가면 어떨까?

4. Tiens, c'est une bonne idée!   좋은 생각이야!

tiens은 문맥에 따라 '어머(감탄사)', '자, 받아' 등의 의미로 쓰일 수 있습니다.

sais 쌔	savoir(알다)의 현재형	의 현재형
demain 드맹	내일	**attends** 아떵 attendre(기다리다)의 명령형
anniversaire 아니배흐쌔흐	圐 생일	**si** 씨 만약
vrai 브해	진실	**jean** 진 圐 청바지
lui 뤼이	그에게, 그녀에게	**bonne** 본느 좋은
offrir 오프히흐	제공하다, 선물하다	**idée** 이데 囡 아이디어
la 라	그녀를	**toujours** 뚜쥬흐 항상
connais 꼬내	connaître(알다)의 현재형	**adoré** 아도헤 adorer(매우 좋아하다)의 과거분사
aime 엠므	aimer(좋아하다, 사랑하다)	

'축하해요!'와 같은 표현으로는 Toutes mes félicitations!가 있으며, Tous mes vœux de bonheur! '행복을 빌어요!'라고 쓸 수도 있습니다.

arroser는 '물을 주다'의 뜻인데, 여기에서는 '술을 곁들이다'라는 의미가 됩니다.

Je vais réserver~는 '내가 ~을 예약할 것이다'라는 뜻이다. Je vais réserver une chambre. 방을 예약할 것이다.

Mes parents fêtent leur 30ème anniversaire de mariage.
메 빠헝 패뜨 뢰흐 트헝띠엠므 아니배흐새흐 드 마히아쥬
부모님의 서른 번째 결혼기념일을 기념하세요.

Félicitations!
펠리씨따시옹
축하해요!

On va arroser ça.
옹 바 아호제 싸
한잔 하죠.

C'est une bonne idée.
쌔 뛴느 보니데
좋은 아이디어예요.

Je cherche une idée de cadeau pour mes parents.
쥬 쉐흐슈 윈 니데 드 까도 뿌흐 메 빠헝
부모님을 위한 선물 아이디어를 찾고 있어요.

Je vais inviter mes parents au restaurant.
쥬 배 앵비떼 메 빠헝 오 해스또헝
부모님을 식당에 초대할 거예요.

Je vais réserver une table ce soir.
쥬 배 헤재흐베 윈느 따블르 쓰 쑤와흐
오늘 저녁에 테이블 하나를 예약할 거예요.

C'est un petit cadeau pour vous.
쌔 떵 쁘띠 까도 뿌흐 부
당신을 위한 작은 선물이에요.

Merci beaucoup.
매흐씨 보꾸
정말 고맙습니다.

Je peux l'ouvrir maintenant?
쥬 쁘 루브히흐 맹뜨넝
지금 열어도 되나요?

Le cadeau est vraiment magnifique.
르 까도 애 브해멍 마니픽끄
선물이 정말 멋져요.

C'est exactement ce que je voulais.
쌔 때그작뜨멍 쓰 끄 쥬 불래
정확히 내가 원했던 것이에요.

À votre santé!
아 보트흐 썽떼
건배!

Faites comme chez vous.
패뜨 꼼므 쉐 부
당신 집인 듯 편히 계세요.

Bon appétit.
보 나뻬띠
맛있게 드세요.

C'est bon.
쌔 봉
맛있어요.

주요표현 단어

parents 빠헝	復 부모님	**cadeau** 까도	男 선물
fêtent 패뜨	fêter(축하하다)의 현재형	**inviter** 앵비떼	초대하다
		réserver 헤재흐베	예약하다
leur 뢰흐	그들의	**ouvrir** 우브히흐	열다
30ème 트헝띠앰므	trentième(30번째)	**maintenant** 맹뜨넝	지금
anniversaire 아니배흐쌔흐	男 생일, 기념일	**vraiment** 브해멍	정말
mariage 마히아쥬	男 결혼	**magnifique** 마니픽끄	멋진
félicitations 펠리씨따시옹	女 축하해요	**exactement** 애그작뜨멍	정확히
arroser 아호제	술을 곁들이다	**ce que** 쓰 끄	~한 것
idée 이데	女 아이디어	**À votre santé!** 아 보트흐 썽떼	건배!
cherche 쉐흐슈	chercher(찾다)의 현재형	**comme** 꼼므	~처럼
		Bon appétit! 보나뻬띠	맛있게 드세요!

문법이야기

축약 관사

축약 관사는 전치사 de와 à 뒤에 정관사가 따라와 축약되는 것을 말하는데, 정관사 중에서도 남성형 단수와 복수에 한해서만 축약이 됩니다.

1. de 전치사와 정관사가 축약되는 경우

Le livre **de le** père.   아버지의 책.
　　　　 du

> 전치사 de와 정관사 le는 'du'가 됩니다.

Le livre de la mère.   어머니의 책.
Le livre de l'enfant.   아이의 책.
Le livre **de les** amis.   친구들의 책.
　　　　 des

> 전치사 de와 정관사 les는 'des'가 됩니다.

2. à 전치사와 정관사가 축약되는 경우

Je vais **à le** bureau.   나는 사무실에 갑니다.
　　　 au

> 전치사 à와 정관사 le는 'au'가 됩니다.

Je vais à la maison.   나는 집에 갑니다.
Je vais à l'école.   나는 학교에 갑니다.
Je vais **à les** États-Unis.   나는 미국에 갑니다.
　　　 aux

> 전치사 à와 정관사 les는 'aux'가 됩니다.

1. 축하와 관련이 없는 것을 고르세요.

1) Félicitations!　　　　2) Tous mes vœux de bonheur!

3) Toutes mes félicitations!　　4) Bon appétit!

2. 아래의 문장들을 프랑스어로 바꾸어 보세요.

1) 좋은 아이디어에요.

2) 정말 고맙습니다.

3) 건배!

4) 맛있게 드세요.

- bon(남성)/bonne(여성)
  : 좋은
- idée : 아이디어

3. 선물과 관련이 없는 것을 고르세요.

1) Qu'est-ce qu'on pourrait lui offrir?

2) Si on lui offrait un jean?

3) Faites comme chez vous.

4) Je cherche une idée de cadeau.

- cadeau : 선물

4. 선물을 받을 때 할 수 있는 말을 고르세요.

1) Le cadeau est vraiment magnifique.

2) Le cadeau est vraiment petit.

3) Le cadeau est vraiment cher.

4) Le cadeau est vraiment gros.

- cher(남성)/chère(여성)
  : 비싼
- gros(남성)/grosse(여성) : 뚱뚱한

정답

1. 4)　　2. 1) C'est une bonne idée.　2) Merci beaucoup.　3) À votre santé!　4) Bon appétit.　3. 3)

4. 1)

영화 관련 단어

le théâtre 극장
르 떼아트흐

le guichet 매표소
르 기쉐

le directeur 감독
르 디핵뙤흐

l'acteur 男 배우
락뙤흐

la romance 로맨스
라 호멍쓰

le western 서부극
르 웨스때흐느

la science-fiction
라 씨엉쓰 픽씨옹
공상과학

l'action 女 연기
락씨옹

le cinéma 르 씨네마	영화관	**le drame** 르 드함므	드라마
le billet 르 비예	입장권	**la comédie** 라 꼬메디	코미디
le billet gratuit 르 비예 그하튀이	무료 입장권	**la tragédie** 라 트하줴디	비극
le droit d'entrée 르 드후와 덩트헤	입장료	**le policier** 르 뽈리씨에	추리, 형사물
vendu 벙뒤	매진된	**l'horreur** 로회흐	女 공포
la bande-annonce 라 벙드 아농쓰	예고편	**l'aventure** 라벙뛰흐	女 모험
la place 라 쁠라쓰	좌석	**la fantaisie** 라 펑때지	판타지
devant 드벙	앞	**la séance** 라 쎄엉쓰	영화상영 시간표
derrière 대히애흐	뒤	**le sous-titre** 르 쑤띠트흐	자막
la ligne 라 리니으	줄(좌석 배열)	**le e-billet** 르 으 비예	예매권
l'écran 레크헝	男 화면	**le cascadeur** 르 까스까되흐	스턴트맨
le studio 르 스뛰디오	영화 촬영소	**la doublure** 라 두블뤼흐	대역
le producteur 르 프호뒥뙤흐	제작자	**l'acteur principal** 락뙤흐 프행씨빨	주연 배우
la star 라 스따흐	스타	**l'actrice** 락트히쓰	女 여배우
le casting 르 까스띵	배역	**les prises de vues en extérieur** 레 프히즈 드 뷔 어 낵쓰떼리외흐	야외촬영

프랑스 사람의 집에 초대받으면……

　프랑스 사람의 집에 초대를 받았다면 그것이 식사 초대라면 그 초대자는 나와의 관계를 가볍게 여기는 것이 아닐 겁니다. 어떠한 초대라 할지라도 그리고 친한 사이일지라도 빈손으로 가지 않는 것이 매너입니다. 초대자의 취향을 잘 모른다면 선물로서 무난한 초콜릿이나 꽃을 준비하는 것도 좋고 초대를 받을 당시 어떤 선물이 좋을지 물어볼 수도 있습니다.

　식사 초대인 경우, 초대 시간이 예를 들어 8시라면, 5분~10분 정도 늦게 가는 것이 매너입니다. 일찍 가게 되면 준비가 덜 된 상태에서 손님을 맞이하기 때문에 주인이 당황할 수 있습니다. 식사를 내어 오거나 식사를 하는 동안에는 음식을 준비하느라 힘들었을 안주인에게 Qu'est-ce que ça sent bon!(냄새가 좋은데요!), C'est délicieux.(맛있어요.)와 같은 음식에 대한 칭찬을 해주시는 것이 좋습니다. 격식을 갖추는 사이라면 주인이 손님의 접시에 음식을 덜어 주며 부족한 것은 없는지 살펴 줍니다. 친한 사이라면 Servez-vous.(드세요.)라고 하면서 각자 알아서 접시에 덜어 가게 할 수 있습니다. 남편은 손님의 잔이 비지 않도록 마실 것을 계속 권하는 것이 예의이며 손님이 직접 따라 마시는 것은 결례입니다.

15

Je suis désolée.

미안해요.

기본회화

Hélène : **Je suis désolée d'être en retard.**
쥬 쒸이 데졸레 대트흐 엉 흐따흐

Il y avait des embouteillages.
일 리 아배 데 정부때이야쥬

Sylvain : **Ce n'est pas grave!**
쓰 내 빠 그하브

Nous n'avions pas encore commencé.
누 나비옹 빠 엉꼬흐 꼬멍쎄

Hélène : **Je pourrais m'asseoir ici?**
쥬 뿌해 마쑤와흐 이씨

Oh pardon, je ne vous avais pas vu!
오 빠흐동 쥬 느 부 자배 빠 뷔

Sylvain : **Ce n'est rien.**
쓰 내 히엥

Il n'y a pas de mal!
일 니 아 빠 드 말

엘렌 : 늦어서 미안해요.
　　　차가 막히더군요.
씰벵 : 큰일도 아닌데요, 뭘!
　　　아직 시작 안 했어요.
엘렌 : 여기에 앉아도 될까요?
　　　오, 미안해요. 당신을 못 봤어요!
씰벵 : 별일 아니에요.
　　　다친 데 없어요!

1. Je suis désolée d'être en retard.   늦어서 미안해요.

être en retard은 '늦다'로 문맥에 따라 다양하게 활용할 수 있습니다.

Il *est en retard* de 20(vingt) minutes. 그는 20분 늦었다.

Elle *est en retard* dans son travail.   그녀는 일이 더디다.

2. Il y avait des embouteillages.   차가 막혔어요.

embouteillage는 '(교통) 혼잡'의 뜻이 있어서 차가 막힐 때 주로 사용합니다.

J'étais coincé dans les embouteillages.

내가 정체 속에 껴 있었어요.   coincer 꾸앵쎄 꼼짝 못하게 하다, 쐐기를 박다

3. Ce n'est pas grave!   큰일도 아닌데요 뭘!

상대방이 나에게 실수를 하여 사과할 때 '괜찮아요'의 의미로 건네주는 말입니다. 여기에 사용하는 ce n'est pas(~가 아니다)와 grave(중요한)이 합쳐진 것으로만 봐도 '별일 아니니 괜찮다'의 의미라는 것을 알 수 있습니다. 이와 마찬가지로 ce n'est rien도 '별것 아니다, 신경쓰지 않아도 된다'의 의미가 됩니다.

4. Il n'y a pas de mal!   다친 데 없어요!

역시나 '괜찮아요'의 의미로, mal(고통, 나쁜)이란 단어를 이용한 표현입니다. 즉, '다친 데가 없으니 괜찮습니다'의 의미가 됩니다.

word 새로 나온 단어

désolée 데졸레	애석한, 유감스러운 (être와 함께 사용)	**commencé** 꼬멍쎄	commencer(시작하다)의 과거분사
en retard 엉 흐따	늦은	**pardon** 빠흐동	용서, 죄송합니다
embouteillages 엉부때이야쥬	圐 (교통, 통신의) 혼잡	**vu** 뷔	voir(보다)의 과거분사
		rien 히앵	아무것도, ne...rien 부정형
grave 그하브	중요한	**Il n'y a pas** 일 니 아 빠	~가 없다
encore 엉꼬흐	아직, (반복) 다시	**mal** 말	고통, 나쁜

Pardon madame[monsieur].
빠흐동 마담   므씨으
죄송합니다, 부인[아저씨].

Excusez-moi!
액쓰뀌제 무와
실례합니다! / 미안합니다!

Je suis vraiment désolé.
쥬 쒸이 브해멍   데졸레
정말 죄송해요.

Je ne vous avais pas entendu.
쥬 느 부 자배 빠 엉떵뒤
당신 소리를 못 들었어요.

Il n'y a pas de quoi.
일 니 아 빠 드 꾸와
천만에요.

Ce n'est pas grave.
쓰 내 빠 그하브
별거 아니에요.

Je vous en prie!
쥬 부   정 프히
천만의 말씀을요.

Je ne sais pas comment m'excuser.
쥬 느 쌔 빠 꼬멍   맥쓰뀌제
어떻게 사과를 해야할지 모르겠어요.

Il y avait des embouteillages.
일 리 아배 데   정부때이야쥬
교통 혼잡이 있었어요.

Je m'excuse pour ce qui s'est passé tout à l'heure.
쥬 맥쓰뀌즈 뿌흐 쓰 끼 쌔 빠쎄 뚜 딸 뢰흐
조금 전에 일어난 일에 대해 사과할게요.

Tip

'천만에요'란 표현 뒤에 동사를
원형으로 넣으면 '〜할 것 없다'
의 의미가 됩니다.
Il n'y pas de quoi rire.
웃을 일이 아니다.
Il n'y a pas de quoi s'inquiéter.
걱정하실 것 없어요.

Tip

친구 또는 가족에게는 Je t'en
prie!라고 합니다.

Tip

Il y avait(〜가 있었다)에 des
bouchons(마개)를 넣어 교통체
증을 표현할 수 있습니다.
Il y avait des bouchons.
교통 혼잡이 있었어요.

Merci de votre aide.
매흐씨 드 보트흐 애드
도와주셔서 감사합니다.

J'avais oublié la réunion.
자배　우블리에 라 헤위니옹
제가 회의를 잊었었어요.

Il y avait un accident sur l'autoroute.
일 리 아배　엥 낙씨덩　쒸흐 로또후뜨
고속도로 위에서 사고가 하나 있었어요.

C'est ma faute.
쌔　마 포뜨
제 잘못이에요.

Je suis tellement maladroit!
쥬 쒸이 땔르멍　말라드후와
전 너무 서툴러요!

Ça n'a aucune importance.
싸 나 오뀐느　앵뽀흐떵쓰
중요한 건 아무것도 없어요.

word power　주요표현 단어

vraiment 브해멍	정말	**aide** 애드	囡 도움
entendu 엉떵뒤	entendre(들리다)의 과거분사	**oublié** 우블리에	oublier(잊다)의 과거분사
		réunion 헤위니옹	囡 회의
quoi 꾸와	무엇, 뭐라고	**accident** 악씨덩	男 사고, 사건
grave 그하브	중대한, 심각한	**autoroute** 오또후뜨	囡 고속도로
comment 꼬멍	어떻게	**faute** 포뜨	囡 실수, 잘못
m'excuser 맥쓰뀌제	s'excuser(사과하다, 용서받다)의 1인칭 원형	**tellement** 땔르멍	매우, 아주
		maladroit 말라드후와	서투른, 미숙한
embouteillages 엉부때이야쥬	男 교통체증	**aucune** 오뀐느	ne... aucun(e) 어느 누구도, 아무도 ～하지 않는다
tout à l'heure 뚜딸릐흐	조금 전에, 조금 후에	**importance** 앵뽀흐떵쓰	囡 중요한

장소 전치사

• sur : ~위에

Mon livre de français est **sur** la table. 내 프랑스어 책은 책상 위에 있어요.
Le cahier est **sur** la chaise. 공책은 의자 위에 있어요.

• sous : ~아래에

Le chien est **sous** le lit. 개는 침대 아래에 있어요.

• devant : ~앞에

Mon ami m'attend **devant** le magasin. 내 친구가 상점 앞에서 나를 기다려요.

• derrière : ~뒤에

Elle se cache **derrière** moi. 그녀는 내 뒤에 숨어요.

• dans : ~안에

Les fleurs sont **dans** le vase. 꽃들은 화병 안에 있어요.

• à côté de : ~옆에

Elle s'assoit **à côté de** moi. 그녀는 내 옆에 앉아요.

• en face de : ~의 맞은 편에

C'est **en face du** magasin. 상점 맞은 편이에요.

• près de : ~가까이에

Le restaurant est **près de** chez moi. 식당은 내 집에서 가까워요.

• loin de : ~에서 먼

Paris est **loin de** Lyon. 파리는 리옹에서 멀어요.

연습문제

1. 아래의 표현 중 사과와 상관이 없는 표현을 고르세요.

1) Pardon madame.
2) Excusez-moi.
3) Je suis vraiment désolé.
4) Il n'y a pas de quoi.

- pardon : 죄송합니다
- vraiment : 정말
- il n'y a pas : ~이 없다

2. 아래의 표현 중 사과를 받았을 때 할 수 있는 표현이 아닌 것을 고르세요.

1) Ce n'est pas grave.
2) Je vous en prie!
3) Il n'y a pas de quoi.
4) C'est ma faute.

- grave : 심각한
- faute : 잘못

3. 아래의 문장을 해석해 보세요.

1) Merci de votre aide.

2) Je suis tellement maladroit!

3) Ça n'a aucune importance.

4) Je ne sais pas comment m'excuser.

- aide : 도움
- maladroit : 미숙한
- importance : 중요성
- comment : 어떻게

4. 아래의 문장의 (   ) 안에 들어갈 알맞은 단어를 넣으세요.

1) Je suis désolée (   ).   늦어서 죄송해요.
2) Il y avait des (   ).   차가 막히더군요.
3) Ce n'est pas (   ).   별거 아니에요.
4) Je pourrais (   ) ici?   여기에 앉아도 될까요?

정답

1. 4)   **2.** 4)   **3.** 1) 도와주셔서 감사합니다.   2) 전 너무 서툴러요!   3) 중요한 건 아무것도 없어요.   4) 어떻게 사과를 해야할지 모르겠어요.   **4.** 1) d'être en retard   2) embouteillages   3) grave   4) m'asseoir

감정을 나타내는 단어

heureux 행복한
외흐

merveilleux 놀라운
매흐배이으

embarrassé 당황한
엉바하쎄

formidable 환상적인
포흐미다블르

en colère 화난
엉 꼴래흐

triste 슬픈
트히스뜨

fier 자랑스러운
피애흐

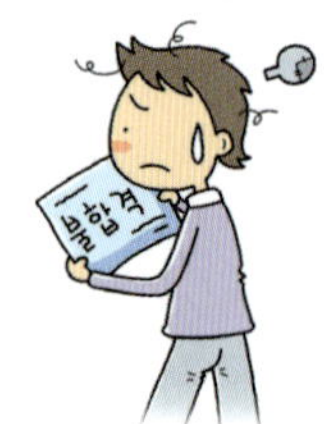

déçu 실망스런
데쒸

sentiment 썽띠멍	男 느낌	**pleurer** 쁠뢰헤	울다
aimer 애메	사랑하다	**affreux** 아프흐	굉장한, 오싹한
aimer bien 애메 비앵	좋아하다	**désolé** 데졸레	미안한, 유감인
joyeux 쥬아이으	즐거운	**écœurant** 에꾀헝	역겨운
content 꽁떵	즐거운, 기쁜	**dégoûtant** 데구떵	징그러운
génial 제니알	굉장한	**détester** 데때스떼	미워하다
bon 봉	좋은	**détestable** 데때스따블르	미운
mignon 미뇽	귀여운	**déprimé** 데프히메	우울한
belle 밸르	아름다운	**misérable** 미제하블르	비참한
joli 졸리	예쁜	**laid** 래	추악한
charmant 샤흐멍	매력적인	**horrible** 오히블르	끔찍한
excité 액씨떼	흥분한	**affligé** 아플리제	상심한
surpris 쒸흐프히	놀라움	**inquiet** 앵끼에	근심되는
mauvais 모배	나쁜	**seul** 쐴	외로운, 혼자인
malheureux 말뢰흐	불행한		

아름다운 지중해 해안 – 코트다쥐르(Côte d'azur)

코트다쥐르는 '해안'이란 뜻의 côte와 '푸른 빛깔'이란 뜻의 azur가 만나 그 이름이 말해 주듯이 푸른 빛깔의 휴양지를 떠올리게 하는 지중해 해안입니다. 위치에 걸맞게 지중해권 기후를 가지고 있어서 날씨가 온화하고 햇빛이 많아서 프랑스 현지인뿐만 아니라 영국 축구선수인 데이비드 베컴 부부, 스위스 가수 티나 터너, 영국 록·팝 가수 엘튼 존 등 세계 유명 인사들도 사랑하는 여름 휴양지로도 유명합니다.

코트다쥐르는 여러 휴양도시를 통칭하여 부르는 단어인데, 대표적으로 칸느영화제가 열리는 칸느(Cannes), 모나코(Monaco), 망통(Menton), 니스(Nice), 그라스(Grasse), 생 라파엘(Saint-Raphaël), 생 트로페(Saint-Tropez) 등의 도시가 코트다쥐르에 해당됩니다. 이 중 니스(Nice)는 도시들 중 가장 큰 규모로 코트다쥐르의 수도로도 불리는데, 매년 주제에 따라 거대한 모형과 마차 행렬이 장관인 니스 카니발이 열리는가 하면, 파블로 피카소(Pablo Picasso)와 함께 20세기 최고의 화가로 불리는 마르크 샤갈(Marc Chagall)과 앙리 마티스(Henri Matisse)의 박물관이 있는 곳으로, 휴양과 예술을 함께 누릴 수 있는 멋진 도시이기도 합니다.

Est-ce que je pourrais parler à Alain?
알랭과 통화할 수 있을까요?

기본회화

Laurent : **Bonjour, madame, est-ce que je pourrais parler**
봉쥬흐　마담　애 쓰　끄　쥬 뿌해　빠흘레

à Alain, s'il vous plaît?
아 알랭　씰　부　쁠래

Madame Vérot : **Je suis désolée, Alain n'est pas là. Il vient de sortir.**
쥬 쒸이 데졸레　알랭　내　빠 라 일 비앵 드 쏘흐티흐

Laurent : **Je peux lui laisser un message?**
쥬 쁘　뤼이 래쎄　엥 메싸쥬

Madame Vérot : **Bien sûr, c'est de la part de qui?**
비앵　쒸흐　쌔　들 라 빠흐 드 끼

Laurent : **Je suis Laurent, un copain de fac.**
쥬 쒸이 로헝　엥 꼬뺑　드 팍

Est-ce qu' Alain peut me rappeler sur mon mobile?
애 쓰　깔랭　쁘 므 하쁠레　쒸흐 몽　모빌르

Madame Vérot : **D'accord, je lui dirais!**
다꼬흐　쥬 뤼이 디해

Laurent : **Merci madame, au revoir!**
매흐씨　마담　오 흐부와흐

로랑 : 안녕하세요, 부인, 알랭과 통화할 수 있을까요?

마담 베로 : 미안해요, 알랭은 여기 없어요. 지금 나갔어요.

로랑 : 제가 그에게 메시지를 남겨도 될까요?

마담 베로 : 물론이죠, 누구신가요?

로랑 : 전 로랑이에요, 학부 친구예요. 알랭이 제 휴대폰으로 전화를 해줄 수 있을까요?

마담 베로 : 좋아요, 말해 줄게요!

로랑 : 고맙습니다 부인, 안녕히 계세요!

1. Est-ce que je pourrais parler à Alain, s'il vous plaît?

알랭과 통화할 수 있을까요?

est-ce que je pourrais~는 '~할 수 있을까요?'라는 뜻으로, 뒤에 동사원형을 넣어 다양하게 활용할 수 있습니다.

Est-ce que je pourrais regarder la télévision?

텔레비전을 볼 수 있을까요?

regarder 흐가흐데 바라보다

2. Il vient de sortir.   방금 나갔어요.

'venir de+동사원형'은 '방금 ~했다'로 쓰이는 공식입니다.

Je *viens de* boire un café.

방금 커피 한잔 하고 왔어요.

boire 브와흐 마시다

3. Je peux lui laisser un message?   그[그녀]에게 메시지를 하나 남겨도 될까요?

메시지를 남기고자 할 때 쓰는 표현이며, Je peux laisser un mot?라고도 표현합니다.

4. C'est de la part de qui?   누구신가요?

Qui êtes-vous?(당신은 누구세요?)라는 표현도 있지만, 이 표현은 전화를 건 상대방에게 그리 매너 있는 표현은 아닙니다.

새로 나온 단어

parler(à) 빠흘레(아)	(~에게) 말하다	**qui** 끼	누구, 누가
là 라	여기	**copain** 꼬뺑	男 친구
vient 비앵	venir(오다)의 현재형	**rappeler** 하쁠레	다시 부르다
sortir 쏘흐티흐	나가다	**sur** 쒸흐	~위에
laisser 래쎄	남기다	**mobile** 모빌르	男 휴대폰
message 메싸쥬	男 메시지	**d'accord** 다꼬흐	좋아, 그래
bien sûr 비앵 쒸흐	물론	**dirais** 디해	dire(말하다)의 조건법 현재

주요표현

Est-ce que Paul est là? '폴 있나요?'라는 표현으로도 쓸 수 있습니다.

Tu peux me passer Marie?
뛰 쁘 므 빠쎄 마히
마리를 바꿔줄 수 있니?

Qui demandez-vous?
끼 드멍데 부
누구를 찾으시나요?

Vous pouvez épeler votre nom?
부 뿌베 에쁠레 보트흐 농
당신의 성 철자를 불러주시겠어요?

Qui est à l'appareil?로도 쓸 수 있습니다.

C'est de la part de qui?
쌔 드 라 빠흐 드 끼
누구신지요?

Ne coupez pas.로도 쓸 수 있고, Ne quittez pas je vous le[la] passe. '(끊지 말고) 잠깐 기다려 주세요, 그[그녀]를 바꿔 드릴게요.'라고도 할 수 있습니다.

Ne quittez pas.
느 끼떼 빠
(전화를 끊지 말고) 잠깐 기다려 주세요.

Son poste ne répond pas.
쏭 뽀스뜨 느 헤뽕 빠
그의 자리가 응답을 안 하네요.

Vous voulez laisser un message?
부 불레 래쎄 엥 메싸쥬
메시지 하나 남기시겠어요?

C'est noté!
쌔 노떼
메모했습니다!

Quelle est votre ~ (당신의 ~는 무엇인가요?) 뒤에 명사를 넣습니다. 단, 명사의 성별에 따라 여성 명사가 따라오면 quelle, 남성 명사가 따라오면 quel을 씁니다.

Quelle est votre adresse?
깰 래 보트흐 아드해쓰
주소가 어떻게 되나요?

Vous pouvez me joindre sur mon téléphone portable.
부 뿌베 므 쥬앵드흐 쒸후 몽 뗄레폰느 뽀흐따블르
제 휴대폰으로 통화하실 수 있으세요.

Je le[la] rappellerai plus tard.
쥬 르[라] 하빨르해   쁠뤼 따흐
나중에 그[그녀]에게 다시 연락하겠습니다.

Est-ce que vous pourriez lui demander de me rappeler?
애 쓰 끄 부   뿌히에   뤼이 드멍데   드 므 하쁠레
그에게 제게 다시 연락달라고 해주시겠습니까?

Je vais vous laisser mes coordonnées.
쥬 배 부 래쎄 메 꼬오흐도네
제 연락처들을 남겨드리겠습니다.

Je crois que vous avez fait un faux numéro.
쥬 크후와 끄 부   자베 패 엥 포 뉘메호
잘못 거신 것 같습니다.

Vous avez fait une erreur.
부   자베 패 윈느 에회흐
실수하셨네요.

C'est bien le 01 02 03 04 05?
쌔   비앵   르 제호엥 제호드 제호투후와 제호꺄트흐 제호쌩크
01 02 03 04 05번이 맞나요?

주요표현 단어

passer 빠쎄	지나가다, 바꾸다	**téléphone portable**	團 휴대폰
épeler 에쁠레	철자를 말하다	뗄레폰느 뽀흐따블르	
part 빠흐	囡 몫, 부분	**rappellerai** 하쁠르해	rappeler(다시 연락하다)
quittez 끼떼	quitter(떠나다)의 명령형		의 단순미래
poste 뽀스뜨	囡 부서, 우체국	**plus tard** 쁠뤼 따흐	나중에
répond 헤뽕	répondre(대답하다)의	**demander** 드멍데	묻다, 요구하다
	현재형	**laisser** 래쎄	남기다, 놓다
message 메싸쥬	團 메시지	**coordonnées** 꼬오흐도네	團 연락처
adresse 아드해쓰	囡 주소	**faux numéro** 포 뉘메호	團 틀린 번호
joindre 쥬앵드흐	만나다, 접촉하다	**erreur** 에회흐	囡 실수
		bien 비앵	잘

프랑스어의 비교급

비교급은 크게 형용사 또는 부사 비교급, 동사 비교급, 명사 비교급 등 3가지 형태로 나누어집니다.

1. 형용사 또는 부사 비교급

형용사나 부사를 이용하여 비교를 하는 경우 'plus/aussi/moins+형용사/부사+que'의 공식을 사용합니다.

Paul est **plus** gentil **que** Max. 폴은 막스보다 더 친절해요.
　　　　　더　　　　　～보다

Paul est **aussi** beau **que** Max. 폴은 막스만큼이나 멋져요.
　　　　　만큼　　　　～보다

Paul court **moins** vite **que** Max. 폴은 막스보다 덜 빨리 뛰어요.
　　　　　　덜　　　　～보다

2. 동사 비교급

동사를 이용하여 비교를 하는 경우 '동사+plus/autant/moins+que'의 공식을 사용합니다.

Paul mange **plus que** Max. 폴은 막스보다 더 먹어요.
　　　　　　더　～보다

Paul lit **autant que** Max. 폴은 막스만큼 읽어요.
　　　　만큼　～보다

Paul achète **moins que** Max. 폴은 막스보다 덜 사요.
　　　　　　덜　～보다

3. 명사 비교급

명사를 이용하여 비교를 하는 경우 'plus/autant/moins+de+명사+que'의 공식을 사용합니다.

Paul mange **plus de** viande **que** Max. 폴은 막스보다 고기를 더 먹어요.
　　　　　　더　　　　　～보다

☞ 셀 수 없는 명사에는 's'를 붙이지 않습니다.

Paul lit **autant de** livres **que** Max. 폴은 막스만큼 책을 읽어요.
　　　　만큼　　　　　～보다

Paul achète **moins d'**eau **que** Max. 폴은 막스보다 물을 덜 사요.
　　　　　덜　　　　～보다

☞ eau(물)과 같이 모음으로 시작하는 단어는 de가 축약됩니다!

note

1. 아래의 질문에 알맞지 않은 답을 고르세요.

> **Est-ce que je pourrais parler à Christine?**

1) Christine n'est pas là.

2) Elle vient de sortir.

3) Christine est française.

4) Elle est en France.

2. 아래의 대사들을 프랑스어로 바꾸어 보세요.

1) 미안해요, 로라(Laura)는 여기 없어요.

2) 제가 그녀에게 메세지 하나 남겨도 될까요?

3) 물론이지요. 누구신가요?

4) 저는 폴입니다. 사무실 동료입니다.

• lui : 그에게, 그녀에게

• collègue de bureau :
  사무실 동료

3. 전화응대를 할 때 적절하지 않은 말을 고르세요.

1) Qui demandez-vous?　　2) Ne quittez pas.

3) C'est noté!　　4) C'est petit.

• demandez : demander
  (묻다, 요구하다)의 현재형
• petit : 작은

4. 전화가 잘못 걸렸을 때 쓸 수 있는 말을 고르세요.

1) Vous avez fait erreur.

2) Son poste ne répond pas.

3) Je la rappellerai plus tard.

4) Vous pouvez épeler le nom?

• erreur : 囡 실수
• poste : 男 부서
• plus tard : 나중에

정답

1. 3)　　2. 1) Je suis désolé(e), Laura n'est pas là.　　2) Je peux lui laisser un message?　　3) Bien sûr, c'est de la part de qui?　　4) Je suis Paul, un collègue de bureau.　　3. 4)　　4. 1)

전화 · 우편 관련 단어

le téléphone 전화기
르 뗄레폰느

la lettre 편지
라 레트흐

le colis 소포
르 꼴리

la carte postale 엽서
라 꺄흐뜨 뽀쓰딸르

le téléphone publique 공중전화
르 뗄레폰느 쀠블릭끄

le facteur
르 팍뙤흐
우편 집배원

le courrier aérien
르 꾸히에 아에히앵
항공우편

la boîte aux lettres
라 부와또　레트흐
囡 우체통

la cabine téléphonique 라 꺄빈느 뗄레포닉끄	공중전화 박스	**l'indicatif téléphonique** 랭까띠프 뗄레포니끄	男 지역번호
le téléphone portable 르 뗄레폰느 뽀흐따블르	휴대폰	**le courrier international** 르 꾸히에 앵때흐나씨오날	국제우편
le portable 르 뽀흐따블르	휴대폰	**le/la téléphoniste** 르/라 뗄레포니쓰뜨	교환원
l'interphone 랭때흐폰느	男 구내전화	**la poste** 라 뽀쓰뜨	우체국
le téléphone international 르 뗄레폰느 앵때흐나씨오날	국제전화	**le courriel** 르 꾸히엘	우편
la carte téléphonique 라 꺄흐뜨 뗄레포닉끄	전화카드	**l'enveloppe** 렁블롭쁘	囡 봉투
le numéro de téléphone 르 뉘메호드 뗄레폰느	전화번호	**le timbre** 르 땅브흐	우표
l'annuaire téléphonique 라뉘애흐 뗄레포닉끄	男 전화번호부	**le tarif postal** 르 따히프 뽀스딸	우편요금
l'appel en PCV 라뻴 엉 뻬쎄베	男 컬렉트콜	**l'adresse** 라드해쓰	囡 주소
		le code postal 르 꼬드 뽀스딸	우편번호
		l'adresse e-mail 라드해쓰 이메일	囡 이메일 주소
		les frais de communication 레 프해 드 꼬뮈니까씨옹	통화요금

세계적인 패션 : 프레타포르테(prêt-à-porter)

프레타포르테는 prêt(준비된)과 à porter(입을)라는 단어들이 만나 '입을 준비가 된'의 뜻을 가지고 있는데, 오늘날의 고급 기성복을 상징하는 단어로 통합니다. 프레타포르테는 독창적인 디자인과 고도의 기술을 자랑하지만 고액의 맞춤 의상으로서 제한적인 고객층만을 보유하던 오트쿠튀르(haute couture)의 고민을 해결하고자 만들어졌습니다.

맞춤 의상과도 같은 품질을 갖추되 보다 대중에게 다가갈 수 있게 된 고급 기성복을 선보이게 됨으로써 프레타포르테는 유명인들과 고소득층의 고객을 확보하는 데 이르게 되었고, 나아가 오트쿠튀르를 상상할 수 없었던 일반인들에게도 주목받게 되었습니다. 우리가 오늘날 백화점에 입점해 있는 샤넬, 지방시, 크리스찬 디올, 이브 생 로랑 등 파리의 유명 오트쿠튀르 상표들을 고급 기성복뿐만 아니라 가방, 액세서리, 화장품 등 다양한 상품에서도 쉽게 만나볼 수 있게 된 것은 프레타포르테의 중간 역할이 있었기 때문일지 모릅니다.

프레타포르테는 오트쿠튀르 컬렉션과 별도로 세계 유명 디자이너들이 참여하는 세계적인 컬렉션으로 자리잡게 되었습니다.

Comment est-ce que tu trouves?
어떤 것 같아?

기본회화

Irène : **Comment est-ce que tu trouves cette chemise rose?**
꼬멍 애 쓰 끄 뛰 트후브 쌧뜨 슈미즈 호즈

Luc : **Une chemise de couleur rose pour moi?**
윈느 슈미즈 드 꿀뢰흐 호즈 뿌흐 무와

Non, je préfère la blanche.
농 쥬 프헤패흐 라 블렁슈

Irène : **Regarde ces pantalons! Lequel préfères-tu?**
흐갸흐드 쎄 빵딸롱 르깰 프헤패흐 뛰

Le jaune ou le noir?
르 존느 우 르 누와흐

Luc : **Je crois que je vais prendre le noir.**
쥬 크후와 끄 즈 배 프헝드흐 르 누아흐

Irène : **Et qu'est-ce que tu dis de cette cravate violette?**
에 깨쓰 끄 뛰 디 드 쌧뜨 크하바트 비올렛트

Luc : **Tu es sûre que ces couleurs me vont?**
뛰 에 쒸흐 끄 쎄 꿀뢰흐 므 봉

해석

이렌 : 이 분홍색 셔츠는 어떤 것 같아?
뤽 : 내 것으로 분홍색 셔츠를?
아니, 나는 흰색이 나아.
이렌 : 이 바지들 봐! 어떤 것을 선호해?
노란색 아니면 검은색?
뤽 : 검은색으로 할까 봐.
이렌 : 그리고 이 보라색 넥타이는 어때?
뤽 : 이 색깔들이 나한테 어울리는 거 맞아?

1. Comment est-ce que tu trouves cette chemise rose?

이 분홍색 셔츠는 어떤 것 같아 ?

trouves는 trouver(여기다, 발견하다)인데, comment est-ce que tu trouves ~와 같이 쓰이면 '~는 어떤 것 같아?'의 뜻으로 상대방의 의사를 물어보는 표현이 됩니다.

Je *trouve* que ce livre est parfait.　나는 이 책이 완벽하다고 여겨.

2. Non, je préfère la blanche.　아니, 나는 흰색이 나아.

색깔 또는 일반 형용사 앞에 놓는 정관사는 앞서 말했던 명사를 다시 한 번 상징합니다.

A : Il y a une grande jupe et une petite jupe.

　큰 치마와 작은 치마가 있습니다.

B : Je choisis *la* grande.

　나는 큰 것으로 하겠습니다. (즉, la는 '치마'를 의미합니다.)

3. Lequel préfères-tu?　어떤 것을 선호해?

lequel은 '어느 것'인데 여러 개 중에 선택을 해야 할 때 씁니다. 단, 앞서 언급한 명사의 성별이나 수에 따라 달리 쓰입니다. 예를 들어, pantalon(바지 ; 남성명사)들 사이에 1개를 고르라고 하면 Lequel préfères-tu?, 여러 개를 고르면 Lesquels préfères-tu?라고 하면 됩니다. jupe(치마 ; 여성명사)들 사이에 1개를 고르라고 하면 Laquelle préfères-tu?, 여러 개를 고르면 Lesquelles préfères-tu?라고 합니다.

새로 나온 단어

trouves	트후브	trouver(여기다, 발견하다)의 현재형	**regarde**	흐갸흐드	regarder(바라보다)의 현재형
cette	쌧트	이, 저(여성명사와 사용)	**pantalons**	뺑딸롱	男 바지
chemise	슈미즈	囡 셔츠	**lequel**	르깰	어느 것(의 남성형)
rose	호즈	분홍색	**jaune**	존느	노란
couleur	꿀뢰흐	囡 색깔	**noir**	누와흐	검은
pour	뿌흐	~을 위해	**crois**	크후아	croire(믿다)의 현재형
moi	무와	나(의 강세형)	**prendre**	프헝드흐	갖다, 타다
préfère	프헤패흐	préférer(선호하다)의 현재형	**cravate**	크하바트	囡 넥타이
blanche	블렁슈	하얀	**violette**	비올렛트	보라색

주요표현

Comment trouves-tu ce type de blouson?
꼬멍 트후브 뛰 쓰 띠쁘 드 블루종
이런 스타일의 잠바 어때?

Il est à mon goût.
일래 따몽 구
내 취향에 맞는걸.

goût는 '맛, 취향'을 뜻하는데 être à son goût라는 표현을 이용해 '～의 취향이다'로 사용할 수 있습니다.

Il y a quelles couleurs?
일 리 아 깰 꿀뢰흐
무슨 색깔들이 있어요?

Il y a blanc, vert et noir.
일 리 아 블렁 배흐 에 누와흐
흰색, 초록색과 검은색이 있어요.

Regarde ce que j'ai trouvé.
흐갸흐드 쓰 끄 줴 트후베
내가 찾은 것 좀 봐.

ce que는 '～한 것'의 뜻입니다.
Je sais ce que tu veux.
네가 원하는 것을 난 알아.

Elle est comment cette ceinture?
앨 래 꼬멍 쌧트 쌩튀흐
이 벨트 어떤 것 같아?

Ça te va bien.
싸 뜨바 비앵
너에게 잘 어울려.

Qu'est-ce que tu es élégante!
깨 쓰 끄 뛰 에 엘레겅뜨
너(여자) 참 우아하구나!

Elle est jolie non?
앨 래 죨리 농
(벨트가) 예쁘지 않아?

의문문 뒤에 non을 붙이면 '～하지 않아?'의 표현이 됩니다. 대상이 남성명사인 경우에는 El est joli non?이라고 합니다.

J'aime bien la couleur de cette ceinture.
줴므 비앵 라 꿀뢰흐 드 쌧트 쌩튀흐
이 벨트의 색깔이 무척 좋아.

Lequel tu me conseilles entre ces deux jeans?
르깰 뛰 므 꽁쌔이 엉트흐 쎄 드 진
이 두 청바지 중에 어떤 것을 권해 줄래?

Mais tu mets toujours un jean.
매 뛰 매 뚜쥬흐 엥 진
그런데 넌 항상 청바지를 입잖아.

C'est vrai, je le porte tous les jours.
쌔 브해 쥬 르 뽀흐뜨 뚤 레 쥬흐
맞아, 그것을 매일 입지.

Alors, je mets ce T-shirt bleu clair.
알로흐 쥬 매 쓰 띠셔흐츠 블르 끌래흐
그럼, 이 연한 파란색 티셔츠를 입지 뭐.

Tu es très chic comme d'habitude.
뛰 애 트해 쉭 꼼므 다비뛰드
너는 늘 그렇듯 매우 근사해.

Je suis souvent bien habillé.
쥬 쒸이 쑤벙 비앵 아비예
나는 옷을 자주 잘 입어.

word power 주요표현 단어

trouves 트후브	trouver(여기다, 발견하다)의 현재형	**vrai** 브해	진짜
blouson 블루종	男 잠바	**porte** 뽀흐뜨	porter(〈옷을〉 입고 있다)의 현재형
goût 구	男 취향, 맛	**tous les jours** 뚤레쥬흐	매일
regarde 흐갸흐드	regarder(바라보다)의 명령형	**mets** 매	mettre(〈옷을〉 입다)의 현재형
ce que 쓰끄	~한 것		
ceinture 쌩튀흐	女 벨트	**clair** 끌래흐	밝은
élégante 엘레겅뜨	우아한, 세련된(의 여성형)	**chic** 쉭	멋진, 근사한
conseilles 꽁쌔이	conseiller(권하다)의 현재형	**comme d'habitude** 꼼므 다비뛰드	늘 그렇듯이
entre 엉트흐	~사이에		
jeans 진	男 청바지(의 복수형)	**souvent** 쑤벙	자주
toujours 뚜쥬흐	항상	**habillé** 아비예	옷을 입은

3군 동사 – 두 번째 이야기

attendre : 기다리다	descendre : 내려가다	prendre : 잡다, 먹다, 마시다, 타다
J'attend**s**.	Je descend**s**.	Je prend**s**.
Tu attend**s**.	Tu descend**s**.	Tu prend**s**.
Il[Elle] atten**d**.	Il[Elle] descen**d**.	Il[Elle] pren**d**.
Nous attend**ons**.	Nous descend**ons**.	Nous pren**ons**.
Vous attend**ez**.	Vous descend**ez**.	Vous pren**ez**.
Ils[Elles] attend**ent**.	Ils[Elles] descend**ent**.	Ils[Elles] prenn**ent**.

attendre(기다리다), descendre(내려가다), prendre(잡다, 먹다, 마시다, 타다)는 -dre로 끝나는 공통점이 있는데 어미가 같기도 합니다.

J'**attends** un taxi. 저는 택시 한 대를 기다립니다.

Magalie **descend** du train. 마갈리는 기차에서 내립니다.

Vous **prenez** du café? 커피를 드시나요?

devoir : ～해야만 하다	aller : 가다	connaître : 알다	savoir : 알다
Je dois.	Je vais.	Je connais.	Je sais.
Tu dois.	Tu vas.	Tu connais.	Tu sais.
Il[Elle] doit.	Il[Elle] va.	Il[Elle] connaît.	Il[Elle] sait.
Nous devons.	Nous allons.	Nous connaissons.	Nous savons.
Vous devez.	Vous allez.	Vous connaissez.	Vous savez.
Ils[Elles] doivent.	Ils[Elles] vont.	Ils[Elles] connaissent.	Ils[Elles] savent.

connaître(알다)와 savoir(알다)은 뜻이 같지만, connaître는 그 뒤에 명사를 쓰고 savoir은 동사원형이나 절을 씁니다.

Je **dois** boire du lait. 저는 우유를 마셔야만 해요.

Je **vais** à l'école. 저는 학교에 가요.

Elle **connaît** mon adresse. 그녀는 제 주소를 알아요.

Nous **savons** danser. 우리는 춤을 출 줄 알아요.

note

1. 옷을 입는 것과 관련이 없는 문장을 고르세요.

1) Je mets toujours un jean.
2) Je le porte tous les jours.
3) Je m'habille pour sortir.
4) Je m'appelle Marie.

- mets : mettre(〈옷을〉 입다)의 현재형
- porte : porter(〈옷을〉 입고 있다)의 현재형
- m'appelle : s'appeler (〜라 불리다)의 현재형

2. 칭찬과 관련이 없는 표현을 고르세요.

1) Tu es très chic comme d'habitude.
2) Elle est souvent bien habillée.
3) Il est toujours en retard.
4) Ça te va bien.

- chic : 멋진, 근사한
- bien habillée : 옷을 잘 입는(의 여성형)
- (être) en retard : 늦다

3. 아래의 문장을 번역해 보세요.

1) Ce pantalon est à mon goût.

2) Il y a quelles couleurs?

3) Regarde ce que j'ai trouvé.

4) Qu'est-ce que tu(여자) es élégante!

- goût : 맛, 취향
- couleurs : 색깔
- regarde : regarder(바라보다)의 명령형
- élégante : 우아한(의 여성형)

4. 색깔과 관련이 없는 문장을 고르세요.

1) Il y a blanc et noir.   2) La jupe est verte.
3) Ce pantalon est bleu.   4) J'achète quatre oranges.

- Il y a : 〜가 있다
- jupe : 치마
- pantalon : 바지
- achète : acheter(사다)의 현재형

정답

1. 4)   2. 3)   3. 1) 이 바지는 내 취향에 맞는걸.   2) 무슨 색깔들이 있어요?   3) 내가 찾은 것 좀 봐.
4) 너 참 우아하구나!   4. 4)

색깔 · 모양 등에 관한 단어

rouge 빨간색
후쥬

jaune 노란색
존느

bleu 파란색
블르

noir 검은색
누와흐

vert 초록색
배흐

violet 보라색
비올래

indigo 남색
엥디고

blanc 흰색
블렁

rose 호즈	분홍색	**la forme** 라 포흐므	모양
vermillon 배흐미용	주홍색	**le point** 르 뿌앵	점
orange 오헝쥬	적황색	**la ligne** 라 리니으	선
pourpre 뿌흐프흐	자주색	**le triangle** 르 트히엉글르	삼각형
doré 도헤	황금색의	**le carré** 르 까헤	정사각형
ambré 엉브헤	호박색의	**le rectangle** 르 핵떵글르	직사각형
vert jade 배흐 쟈드	비취색	**le pentagone** 르 뻥따곤느	오각형
brun 브헹	갈색	**l'ovale** 로발르	男 타원
argenté 아흐정떼	은색의	**le cercle** 르 쌔흐끌르	원
gris 그히	회색	**le cône** 르 꼰느	원뿔
beige 배쥬	베이지색	**la pyramide** 라 삐하미드	피라미드
vert clair 배흐 끌래흐	연두색	**le cube** 르 뀌브	정육면체
bleu ciel 블르 씨엘	하늘색	**la boule** 라 불르	구
bleu marine 블르 마힌	감색	**le plan** 르 쁠렁	평면
violet clair 비올래 끌래흐	연보라색	**le solide** 르 쏠리드	입체

200년의 역사 루브르(Le Louvre) 박물관

루브르 박물관은 길이 약 1km와 너비 300m의 엄청난 규모를 자랑하는 세계 최고로 손꼽히는 박물관입니다. 고대부터 19세기 중반까지의 역사를 담고 있는 회화, 조각, 가구와 공예품 등 40만 점 이상의 작품을 소장하고 있습니다. 루브르 박물관은 원래 14세기부터 왕실 궁전으로 사용되다가 16세기의 왕 프랑수아 1세가 〈모나리자〉를 비롯해 수집한 이탈리아 회화 12점을 전시하기 위해 증축하면서 박물관으로 사용되기 시작했습니다.

루이 13세 시대에는 200점, 루이 14세 시대에는 2,500점의 미술 전시품을 전시하면서 그 수가 늘어나기 시작했습니다. 이후 프랑스 혁명 무렵, 미술 작품들을 왕가만의 소장품이 아니므로 개방해야 한다는 비난을 받자, 1793년에 일반 시민들에게도 공개되었습니다. 전시를 위해 왕궁 내부 공사도 이루어졌는데, '나폴레옹 미술관'으로 명명되었다가 나폴레옹 3세가 오늘날의 루브르 궁전의 모습을 완성하게 되었습니다. 그러다가 1989년 중국계 미국인 건축가 이오 밍 페이(Leoh Ming Pei)가 설계한 유리 피라미드가 탄생하여 루브르의 상징이 되었습니다.

루브르 박물관은 고대 오리엔트, 고대 이집트, 고대 그리스·에트루리아·로마, 회화, 조각, 미술 공예품, 데생·판화, 아프리카·오세아니아·아시아·아메리카, 로마 제국, 루브르의 역사 등의 전시실로 나뉩니다. 따라서 박물관이 매우 넓기 때문에 전시된 작품을 다 보고자 한다면 며칠은 걸리므로 사전에 가장 보고 싶었던 전시물이 어느 전시실에 있는지 미리 동선을 짜는 것도 좋은 방법이 됩니다.

18

Qu'est-ce que vous prenez comme dessert?
디저트는 무엇으로 하시겠습니까?

기본회화

Françoise : **Garçon, s'il vous plaît!**
갸흐쏭 씰 부 쁠래

Le garçon : **Bonjour madame. Qu'est-ce que vous prenez?**
봉쥬흐 마담 깨 쓰 끄 부 프흐네

Françoise : **Est-ce que vous avez des sandwichs?**
애 쓰 끄 부 자베 데 썽드위취

Le garçon : **Bien sûr, nous avons fromage, jambon-beurre.**
비앙 쒸흐 누 자봉 프호마쥬 정봉 뵈흐

Françoise : **Jambon-beurre, s'il vous plaît.**
정봉 뵈흐 씰 부 쁠래

Le garçon : **Bien madame.**
비앙 마담

Et comme boisson?
에 꼼므 부와쏭

Françoise : **Un café et l'addition s'il vous plaît.**
엥 까페 에 라디씨옹 씰 부 쁠래

해석

프랑수아즈 : 여기요!
웨이터 : 안녕하십니까, 부인. 무엇으로 하시겠습니까?
프랑수아즈 : 샌드위치들 있나요?
웨이터 : 물론이지요, 치즈, 햄–버터.
프랑수아즈 : 햄–버터로 주세요,
웨이터 : 알겠습니다, 부인.
　　　　　 그리고 음료수는요?
프랑수아즈 : 커피 하나와 계산서 주세요.

1. Garçon, s'il vous plaît! 여기요!

garçon은 '소년'이란 뜻이지만, 식당에서 웨이터를 부를 때에도 씁니다.

2. Qu'est-ce que vous prenez? 무엇으로 하시겠습니까?

prenez는 prendre(타다, 갖다 등)로 뜻이 다양한 동사인데, manger(먹다), boire(마시다) 동사의 의미로도 쓰일 수 있습니다.

Je *prends* un café. 나는 커피로 할게.

Tu veux *prendre* un gâteau? 케이크 하나 할래?

3. Et comme boisson? 음료수는요?

comme는 '~처럼, ~와 같이'의 뜻으로, comme boisson?라고 하면 '음료수와 같은 건 무엇으로 드릴까요?'의 의미가 됩니다. 발음 부분에서 주의할 것은 boisson은 [부와쏭]이며 알파벳 하나 다른 '생선'인 poisson은 [뿌와쏭]으로 발음됩니다.

4. Un café et l'addition s'il vous plaît. 커피 하나와 계산서 주세요.

addition은 '더하기'의 뜻이 있어서 먹은 모든 것을 합산하여 달라는 '계산서'의 의미가 됩니다. 식사를 마친 뒤 L'addition s'il vous plaît!(계산서요!/계산서를 주세요!)를 하면 웨이터가 계산서를 가져다 줍니다.

새로 나온 단어

garçon 갸흐쏭	男 소년, 웨이터	**bien** 비앵	잘
qu'est-ce que 깨쓰끄	무엇	**madame** 마담	女 부인
prenez 프흐네	prendre(타다, 갖다)의 현재형	**comme** 꼼므	~와 같이
sandwichs 썽드위취	男 샌드위치	**boisson** 부와쏭	男 음료수
fromage 프호마쥬	男 치즈	**café** 까페	男 커피
jambon 졍봉	男 햄	**addition** 아디씨옹	女 더하기, 계산서
beurre 뵈흐	男 버터	**s'il vous plaît** 씰부쁠래	부디(부탁입니다)

주요표현

Tip

messieurs dames은 남성과 여성이 여러 명 있을 때 쓰는 말로, 상황에 따라 '여러분, 손님' 등의 의미로 쓰입니다.

Tip

menu는 전식, 메인요리, 후식이 포함된 코스 요리이며, la carte는 단품요리를 뜻합니다.

Tip

고기의 익힘 정도를 묻는 표현으로, 적당히 익힌 것은 à point, 잘 익은 것은 bien cuit라고 합니다.

Tip

saignante는 '피가 흐르는'의 뜻이어서 고기의 경우 레어(설 익힌 것)를 의미합니다.

Messieurs dames, vous avez choisi?
매씨으 담 부 자베 슈와지
손님, 선택하셨습니까?

Nous allons prendre trois menus à 13 €.
누 잘롱 프헝드흐 트후와 므뉘 아 트해즈 으호
저희는 13유로 하는 코스 메뉴 3개로 하겠습니다.

Et pour vous, madame?
에 뿌흐 부 마담
그리고 부인은요?

Pour moi, ce sera à la carte.
뿌흐 무와 쓰 쓰하 알 라 꺄흐뜨
저는 메뉴로 하겠습니다.

Je vais prendre un steak.
쥬 배 프헝드흐 엥 쓰떼이끄
스테이크 하나 하겠습니다.

Avec des frites s'il vous plaît.
아백끄 데 프히뜨 씰 부 쁠래
감자튀김과 함께요.

Vous ne prenez pas d'entrée?
부 느 프흐네 빠 덩트헤
전식은 안 하시겠습니까?

Non, merci.
농 매흐씨
아니요, 감사합니다.

Votre viande vous la voulez comment madame?
보트흐 비엉드 부 라 불레 꼬멍 마담
고기는 어떻게 해드릴까요, 부인?

Saignante, s'il vous plaît.
쌔녕뜨 씰 부 쁠래
레어로 해주세요.

Et une carafe d'eau aussi.

에 윈느 까하프 도 오씨

그리고 물 한 병도 주세요.

Vous prendrez un dessert?

부 프헝드헤 엥 데쌔흐

디저트 하나 하시겠습니까?

Une glace au chocolat pour moi.

윈느 글라쓰 오 쇼꼴라 뿌흐 무와

저는 초콜릿 아이스크림 하나요.

Et pour vous messieurs?

에 뿌흐 부 매씨으

신사분들은요?

Juste trois cafés.

쥐스뜨 트후와 까페

커피 세 개면 됩니다.

주요표현 단어

choisi 슈와지	choisir(선택하다)의 과거분사	**carafe** 까하프	囡 물병
menus 므뉘	男 코스 요리(의 복수형)	**eau** 오	囡 물
carte 꺄흐뜨	囡 메뉴, 카드	**dessert** 데쌔흐	男 디저트
steak 쓰떼이끄	男 스테이크	**glace** 글라쓰	囡 아이스크림
frites 프히뜨	囡 감자튀김	**messieurs** 매씨으	男覆 monsieur(〜씨, 〜님)의
entrée 엉트헤	囡 전식(前食), 입구		복수 형태
viande 비엉드	囡 고기	**juste** 쥐스뜨	바로, 겨우
comment 꼬멍	어떻게	**trois** 트후와	3(숫자)
saignante 쌔녕뜨	레어(설익힌)		

프랑스어의 미래 – 근접미래(le futur proche)

근접미래(le futur proche)는 곧 일어날 가까운 미래를 이야기할 때 쓰며 주로 회화에서 사용합니다. 근접미래는 aller(가다) 동사가 들어간 공식으로 만들며, '곧 ~할 것이다'로 번역합니다.

공식 : aller(가다)의 현재형 + 동사원형

- aller 동사를 인칭에 맞게 현재형으로 바꾼 뒤 동사원형을 붙입니다.
- 모든 군(1군, 2군, 3군)의 동사들이 공식에 따라 근접미래를 만듭니다.

Manger(먹다) 근접미래

Je vais manger.	나는 (곧) 먹을 거예요.
Tu vas manger.	너는 (곧) 먹을 거예요.
Il[Elle] va manger.	그[그녀]는 (곧) 먹을 거예요.
Nous allons manger.	우리는 (곧) 먹을 거예요.
Vous allez manger.	당신[당신들/너희들]은 (곧) 먹을 거예요.
Ils[Elles] vont manger.	그들[그녀들]은 (곧) 먹을 거예요.

대명동사의 경우 : se lever(일어나다)

대명동사는 재귀어를 인칭에 따라 바꾼 상태에서 동사원형 앞에 위치합니다.

Je vais **me** lever.	나는 (곧) 일어날 거예요.
Tu vas **te** lever.	너는 (곧) 일어날 거예요.
Il[Elle] va **se** lever.	그[그녀]는 (곧) 일어날 거예요.
Nous allons **nous** lever.	우리는 (곧) 일어날 거예요.
Vous allez **vous** lever.	당신[당신들/너희들]은 (곧) 일어날 거예요.
Ils[Elles] vont **se** lever. 재귀어	그들[그녀들]은 (곧) 일어날 거예요.

Je vais manger un pain au chocolat. 나는 초콜릿 빵을 먹을 거예요.

Elle va se lever quand? 그녀는 언제 일어날 거예요?

Nous allons nous promener. 우리는 산책할 거예요.

미래와 관련된 시간을 나타내는 표현을 살펴보자면 다음과 같습니다.

demain : 내일   la semaine prochaine : 다음 주

le mois prochain : 다음 달   l'année prochaine : 내년

dans+시간 : ~ 후에 (dans은 '~안에'인데 그 뒤에 기간을 붙이면 '~후에'가 됩니다.)

note

- cuit : cuire(익히다)의 현재형
- dit : dire(말하다, 이야기 하다)의 현재형

- carafe : 물병
- tiramisu : 티라미수

- prendre : 먹다, 들다, 가지다
- sera : être(~이다)의 단순미래
- carte : 메뉴
- frites : 감자튀김

1. 고기의 익힘 정도를 나타내는 표현이 아닌 것을 고르세요.

1) saignante.

2) à point.

3) bien cuit.

4) bien dit.

2. 아래의 질문에 알맞지 않은 답을 고르세요.

> **Vous prendrez un dessert?**
> 디저트 하나 하시겠습니까?

1) Une carafe d'eau s'il vous plaît.

2) Une glace au chocolat pour moi.

3) Un tiramisu s'il vous plaît.

4) Juste trois cafés.

3. 아래의 문장을 해석해 보세요.

1) Nous allons prendre trois menus à 13 €.

2) Pour moi, ce sera à la carte.

3) Je vais prendre un steak.

4) Avec des frites s'il vous plaît.

정답

1. 4)   2. 1)   3. 1) 저희는 13유로로 하는 코스 메뉴 3개로 하겠습니다.   2) 저는 메뉴로 하겠습니다.   3) 스테이크 하나 하겠습니다.   4) 감자튀김과 함께요.

고기 · 어류 이름

du bœuf 男 쇠고기
뒤 뵈프

du porc 男 돼지고기
뒤 뽀흐

du poulet 男 닭고기
뒤 뿔레

du mouton 男 양고기
뒤 무똥

du canard 男 오리
뒤 꺄나흐

du calamar 男 오징어
뒤 꺌라마흐

du crabe 男 게
뒤 크하브

de la crevette 女 새우
드 라 크흐벳트

du cerf 뒤 쌔흐	男 사슴고기	**du saumon** 뒤 쏘몽	연어
du bifteck 뒤 비프땍	男 비프스테이크	**de la truite** 들라 트휘뜨	女 송어
de la côtelette de porc panée		**de la dorade** 들라 도하드	女 도미
들라 꼬뜰렛뜨 드 뽀흐 빠네	돈가스	**du maquereau** 뒤 마끄호	男 고등어
du bœuf séché 뒤 뵈프 쎄쉐	男 쇠고기 육포	**du poulpe** 뒤 뿔쁘	男 문어, 낙지
du barbecue 뒤 바흐브뀌	바비큐	**de la baleine** 들라 발렌	女 고래
du lard 뒤 라흐	男 베이컨	**de l'anguille** 드 렁기으	女 뱀장어
de la saucisse 들라 쏘씨쓰	女 소시지	**de l'anchois** 드렁슈와	男 멸치
du jambon 뒤 졍봉	男 햄	**de la sardine** 들라 싸흐딘느	女 정어리
du homard 뒤 오마흐	男 바닷가재	**des coquillages** 데 꼬끼야쥬	조개
de l'œuf 드뢰프	男 계란	**de la moule** 들라 물르	홍합
du poulet frit 뒤 뿔레 프히	닭튀김	**du requin** 뒤 흐깽	상어
du dindon 뒤 댕동	칠면조	**du turbot** 뒤 튀흐보	넙치
du poisson 뒤 뿌와쏭	생선	**du caviar d'esturgeon**	철갑상어 알
du thon 뒤 똥	참치	뒤 꺄비아흐 데스튀흐죵	

전 세계 영화인들의 축제 : 칸느 영화제(Le Festival de Cannes)

1946년에 시작된 이후로 베네치아 국제영화제, 베를린 국제영화제와 함께 세계 3대 영화제로 손꼽히는 칸느 영화제는 프랑스 남부에 위치한 휴양도시인 칸느(Cannes)에서 매년 5월에 개최되는 국제영화제입니다.

칸느 영화제는 영화의 예술성과 상업성의 균형을 잘 맞추고 있을 뿐만 아니라, 세계적으로 인정받는 감독들이 참석하는 유명한 영화제로서 국내 영화인들이라면 한번쯤은 그 레드카펫을 밟기를 희망할 것입니다. 칸느 영화제는 황금종려상, 심사위원대상, 남우주연상, 여우주연상, 감독상, 각본상, 황금카메라상 등의 부문으로 나뉘어 시상을 합니다. 우리나라는 1984년 이두용 감독의 〈물레야 물레야〉가 특별부문상을 수상하는 것을 시작으로, 2002년 영화 〈취화선〉으로 임권택 감독이 감독상을, 2004년 박찬욱 감독의 〈올드보이〉가 심사위원 대상을, 2007년 〈밀양〉의 여주인공 전도연이 최우수 여우주연상을, 2010년 이창동 감독의 〈시〉가 각본상을, 2011년 김기덕 감독의 자전적 다큐멘터리 〈아리랑〉이 주목할 만한 시선 상을, 2019년 봉준호 감독의 〈기생충〉이 황금종려상을 수상하는 등 그 실력을 인정받는 중입니다.

황금종려상

Un aller simple ou un aller-retour?
편도이신가요 아니면 왕복이신가요?

기본회화

La cliente : **Bonjour, je voudrais un aller Paris-Lyon s'il vous plaît.**
봉쥬흐　　　쥬 부드해　　엥 날레 빠히 리옹　　씰 부　　뽈래

L'employé : **Quand partez-vous?**
껑　　　　빠흐떼 부

La cliente : **Le jeudi 3 au matin.**
르　즈디　　트후와 오 마땅

L'employé : **Alors, vous avez un train à 7 h 30 et un autre à 9 h 42.**
알로흐　　부　　자베 엥 트행 아 쎗뙤흐 트헝뜨 에 엥　노트흐 아 뇌뵈흐 꺄헝뜨드

La cliente : **Le train de 9 h 42 sera parfait.**
르　트행　　드 뇌뵈흐 꺄헝뜨드 쓰하 빠흐패

L'employé : **Un aller simple ou un aller-retour?**
엥　날레　쌩쁠르　　우　엥　날레 흐뚜흐

La cliente : **Un aller simple.**
엥　날레　쌩쁠르

L'employé : **Fumeurs ou non-fumeurs?**
퓌뫼흐　　　우　농 퓌뫼흐

La cliente : **Non-fumeurs s'il vous plaît.**
농 퓌뫼흐　　　　씰 부　뽈래

여자 손님 : 안녕하세요, 파리에서 리옹 가는 표 한장 주세요.

직원 : 　　언제 떠나시나요?

여자 손님 : 3일 목요일 아침이요.

직원 : 　　그러시다면, 7시 30분에 기차 한 대가 있고 9시 42분에 한 대가 있습니다.

여자 손님 : 9시 42분 기차면 되겠습니다.

직원 : 　　편도이신가요 아니면 왕복이신가요?　　여자 손님 : 편도요.

직원 : 　　흡연석이세요 아니면 비흡연석이세요?　　여자 손님 : 비흡연석으로 주세요.

1. Je voudrais un aller Paris-Lyon s'il vous plaît.

파리에서 리옹 가는 표 한장 주세요.

Je voudrais un aller~는 '~행을 원합니다'의 뜻으로, 표를 구매할 때 사용하는 표현입니다. 그 뒤에 행선지를 바로 붙이거나 billet(표)라는 단어를 사용할 수 있습니다.

Je voudrais un billet pour Lyon. 리옹행 표 한 장 주세요.

2. Le train de 9 h 42 sera parfait.   9시 42분 기차면 되겠습니다.

le train de~은 '~시 기차'의 뜻이며 그 뒤에 시간을 붙입니다. 혼돈하기 쉬운 것은 à와 de 전치사들의 사용인데, un train à 9 h 42는 '9시 42분에 기차가 있다'이며 un train de 9 h 42는 '9시 42분 기차'라는 뜻입니다.

3. Un aller simple ou un aller-retour?   편도이신가요 아니면 왕복이신가요?

aller simple는 단어의 뜻처럼 '단순히 가는 것'이므로 편도를 이야기하는 것이고, aller-retour는 retour(되돌아오다)의 뜻처럼 '가고 되돌아오는 것'이기 때문에 왕복으로 해석합니다.

4. Fumeurs ou non-fumeurs?   흡연석이세요 아니면 비흡연석이세요?

기차를 타면 자리 선정을 위해 흡연석 또는 비흡연석을 묻습니다.

새로 나온 단어

cliente 끌리엉뜨	女 여자 손님	**sera** 쓰하	être(~이다)의 단순미래
quand 껑	언제	**parfait** 빠흐패	완벽한
partez 빠흐떼	partir(떠나다)의 현재형	**aller simple** 알레 쌩쁠르	男 편도
jeudi 즈디	목요일	**aller-retour** 알레 흐뚜흐	男 왕복
matin 마땡	男 아침	**fumeurs** 퓌뫼흐	흡연석, 흡연자
train 트행	男 기차	**ou** 우	또는
autre 오트흐	다른	**non-fumeurs** 농 퓌뫼희	비흡연석, 비흡연자

Bonjour, un billet pour Bordeaux s'il vous plaît.
봉쥬흐   엥 비예   뿌흐 보흐도   씰 부   쁠래
안녕하세요, 보르도로 가는 표 하나 주세요.

Vous voulez partir quand?
부   불레   빠흐띠흐 껑
언제 떠나실 건가요?

Maintenant. C'est possible?
맹뜨넝   쎄   뽀씨블르
지금요. 가능한가요?

Vous n'avez qu'un train à 11h35.
부   나베   깽   트행   아 옹죄흐트헝트쌩크
11시 35분에 있는 기차밖에 없습니다.

Est-ce qu'il y a de la place?
에 쓰   낄리아   드 라 쁠라쓰
자리가 있나요?

Je suis désolé, ce train est complet.
쥬 쒸이 데졸레   쓰 트행   에 꽁쁠레
미안합니다. 이 기차는 만석입니다.

Quel dommage!
깰   도마쥬
유감이네요!

Mais vous avez un train à 16h22.
매   부   자베 엥 트행   아 쌔죄흐뱅드
하지만 16시 22분에 기차가 하나 있습니다.

Il n'y a pas de train avant.
일니야   빠 드 트행   아벙
그 전에는 기차가 없습니다.

Un aller simple?
엥날레   쌩쁠르
편도 하나인가요?

Tip

maintenant은 '지금'이며, '내일'은 demain[드맹], '다음 주'는 la semaine prochaine[라 쓰맨 프호쉔]이라고 하며, 날짜를 명시하려면 'le'를 날짜 앞에 붙입니다.
예) le 10[르 디쓰]

Tip

이 표현에서 사용된 n'… que는 ne…que로 '~밖에, 불과'라는 뜻입니다.
Il ne dit que la vérité.
그는 진실만 말한다.

Tip

complet는 '꽉 찬, (좌석이) 만원인'의 뜻을 갖고 있습니다.
C'est complet.
(좌석이) 만원입니다.

2등석을 이야기할 때에는 '석'을 나타내는 classe라는 단어를 생략해도 괜찮습니다. 1등석은 en première[엉 프흐미애흐]이라고 합니다.

réserver는 '예약하다'의 뜻으로 식당, 호텔 등에서 사용할 때 응용할 수 있습니다.
Je voudrais réserver une chambre (une table) s'il vous plaît.
방 (테이블) 하나 예약하고 싶습니다.

TGV는 Train à Grande Vitesse의 약자로, 단어 순으로 보면 '기차-큰-속도'가 되어 초고속 전철을 의미합니다.

Non, un aller-retour. En seconde (classe).

농   엥   날레흐뚜흐   엉   쓰공드   (끌라쓰)

아니요, 왕복 하나입니다. 2등석으로요.

Je voudrais réserver un billet de train s'il vous plaît.

쥬 부드해   헤저흐베   엥 비예 드 트행 씰 부   쁠래

기차표 하나를 예약하고 싶습니다.

Oui, madame. Pour quelle destination?

위   마담   뿌흐 깰   데스띠나씨옹

네, 부인. 어디로 가시나요?

Pour Lille s'il vous plaît.

뿌흐 릴 씰 부   쁠래

릴입니다.

Vous avez un TGV toutes les heures.

부   자베   엥 떼제베 뚜뜨   레 죄흐

매 시간에 초고속 전철(TGV)이 있습니다.

14 heures dans ce cas.

까또흐죄흐   덩 쓰 까

그렇다면 14시로 하겠습니다.

word power 주요표현 단어

billet 비예	男 표	**aller-retour** 알레 흐뚜흐	왕복
partir 빠흐띠흐	떠나다	**en seconde** 엉 쓰공드	2등석
maintenant 맹뜨넝	지금	**réserver** 헤저흐베	예약하다
possible 뽀씨블르	가능한, 있을 수 있는	**billet de train** 비예 드 트행	男 기차표
train 트행	男 기차	**destination** 데스티나씨옹	女 행선지
place 쁠라쓰	女 자리	**pour** 뿌흐	~을 위해
complet 꽁쁠레	(좌석이) 만석인	**TGV** 떼제베	男 초고속 전철
dommage 도마쥬	男 유감스러운 일, 손해	**toutes les heures** 뚜뜨 레 죄흐	매 시간
avant 아벙	전에(시간)	**heures** 외흐	女 시간
aller simple 알레 쌩쁠르	편도	**dans ce cas** 덩 쓰 까	그런 경우

프랑스어의 미래 – 단순미래(le futur simple)

단순미래는 기본으로 '~할 것이다'의 의미로 막연한 미래에 대한 사건을 계획할 때 사용합니다. 1군과 2군 동사의 경우 동사원형에 ai, as, a, ons, ez, ont와 같은 인칭에 따른 미래 어미를 붙입니다.

Manger(먹다)의 단순미래	Finir(마치다)의 단순미래
Je manger**ai**. 나는 먹을 것입니다.	Je finir**ai**. 나는 마칠 것입니다.
Tu manger**as**.	Tu finir**as**.
Il[Elle] manger**a**.	Il[Elle] finir**a**.
Nous manger**ons**.	Nous finir**ons**.
Vous manger**ez**.	Vous finir**ez**.
Ils[Elles] manger**ont**.	Ils[Elles] finir**ont**.

Demain je **mangerai** avec Sophie. 내일 나는 소피와 함께 먹을 것입니다.

L'année prochaine je **finirai** mes études. 내년에는 나는 학업을 끝낼 것입니다.

3군 동사의 경우 불규칙 동사로 미래의 어근에 미래 어미를 붙이는데 미래의 어근과 함께 미래의 어미를 기억해야 합니다.

• 주요 3군 동사의 미래 어근

être(~이다) : ser

avoir(가지다) : aur

faire(하다) : fer

aller(가다) : ir

devoir(해야만 하다) : devr

pouvoir(할 수 있다) : pourr

vouloir(원하다) : voudr

pleuvoir(비 오다) : pleuvr

savoir(알다) : saur

connaître(알다) : connaîtr

Demain, il **pleuvra** toute la journée. 내일은 하루종일 비가 올 것입니다.

La semaine prochaine, j'**irai** en France. 다음 주에 나는 프랑스에 갈 것입니다.

Elle **fera** la vaisselle. 그녀는 설거지를 할 것입니다.

1. 아래의 문장을 해석해 보세요.

1) Je voudrais un aller simple s'il vous plaît.

2) Quand partez-vous?

3) Non-fumeurs s'il vous plaît.

- aller simple : 편도
- quand : 언제
- non-fumeurs : 비흡연석, 비흡연자

2. 아래의 질문에 알맞지 않은 것을 고르세요.

Quand partez-vous?

1) Je pars demain.　　2) Je pars mercredi.
3) Je pars chez moi.　　4) Je pars à 11 heures.

- demain : 내일
- mercredi : 수요일
- chez moi : 내 집

3. 아래의 빈 칸에 알맞은 단어를 넣으세요.

1) Un aller simple ou un (　　　　　　)?
편도이신가요 아니면 왕복이신가요?

2) Pour quelle (　　　　　)?　어디로 가시나요?

3) Vous (　　　　　) train à 11h35.
11시 35분에 있는 기차밖에 없습니다.

4) Je voudrais (　　　　　) un billet de train s'il vous plaît.
기차표 하나를 예약하고 싶습니다.

- ne … que : ～밖에

4. 아래의 문장들 중 의미가 다른 문장을 찾으세요.

1) Il y a un train à 7 heures.　2) Un autre train est à 7 heures.
3) Le train de 7 heures.　　4) Le TGV est à 7 heures.

정답

1. 1) 편도표 하나 주세요.　2) 언제 떠나시나요?　3) 비흡연석으로 주세요.　2. 3)　3. 1) aller-retour
2) destination　3) n'avez qu'un　4) réserver　4. 3)

양념 · 맛 등에 관한 단어

délicieux 맛있는
델리씨으

avoir faim 배고프다
아부와흐 팽

être plein 배부르다
애트흐 쁠랭

être pimenté 맵다
애트흐 삐멍떼

l'ail 團 마늘
라이

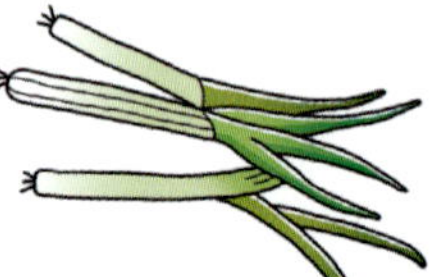

le poireau 파
르 뿌와호

la poudre de piment
라 뿌드흐 드 삐멍
고춧가루

le ketchup 케첩
르 캐첩

le condiment 르 꽁디멍	조미료	**l'huile de sésame** 륄르 드 쎄잠므	囡 참기름
le sel 르 쌜	소금	**l'huile** 륄르	囡 기름
la sauce de soja 라 쏘쓰 드 쏘자	간장	**le beurre** 르 뵈흐	버터
l'assaisonnement 라쌔존느멍	團 드레싱	**le fromage** 르 프호마쥬	치즈
la pâte de piment rouge coréen	고추장	**la mayonnaise** 라 마요내즈	마요네즈
라 빠뜨 드 삐멍 후쥬 꼬헤앵		**le cornichon** 르 꼬흐니숑	오이절임
la sauce chili 라 쏘쓰 칠리	칠리소스	**de bon goût** 드 봉 구	맛좋은
le vinaigre 르 비내그흐	식초	**avoir soif** 아부와흐 쑤와프	목마르다
le gingembre 르 쟁정브흐	생강	**épicé** 에삐쎄	매운
l'oignon 로니옹	團 양파	**sucré** 쒸크헤	단
le poivre 르 뿌와브흐	후춧가루	**salé** 쌀레	짠
la moutarde 라 무따흐드	겨자	**fade** 파드	싱거운
le curry 르 뀌히	카레	**amer** 아매흐	쓴
le sucre 르 쒸크흐	설탕	**acide** 아씨드	신
le sésame 르 쎄잠므	참깨	**âpre** 아프흐	떫은

프랑스의 와인(Vin)

프랑스를 이야기하면서 빠질 수 없는 것이 바로 와인이 될 텐데요, 프랑스의 포도는 주로 강 주변의 지역에서 재배가 많이 이루어지는데 보르도(Bordeaux), 부르고뉴(Bourgogne), 샹파뉴(Champagne), 프로방스(Provence), 루아르(Loire), 코트 뒤 론(Côte du Rhône), 알자스(Alsace) 등의 지역이 있습니다. 이 중에서 우리나라에서도 보르도 와인으로 잘 알려진 보르도 지역은 와인을 대표하는 산지이기도 합니다.

식탁의 단골 손님으로 등장하는 와인은 식사를 더욱 풍족하게 해주어 가정에서의 일반 식사 자리에서, 손님 대접용으로, 친구들과 이야기를 나눌 때에도 즐겁게 나눌 수 있는 것이 와인일 것입니다. 와인은 크게 붉은 색을 띠는 와인인 뱅 후즈(Vin Rouge), 백포도주인 뱅 블렁(Vin Blanc)이 있고 장미빛을 띠며 흔히 '로제'라고 부르는 뱅 호제(Vin Rosé)가 있습니다. 로제는 특히 식사 전에 식욕을 돋구기 위해 마시는 아뻬히티프(Appéritif)로도 많이 애용되는데 뮈스카(Muscat), 포르또(Porto), 파스티스(Pastis), 위스끼(Whisky), 키르(Kir) 등이 있습니다.

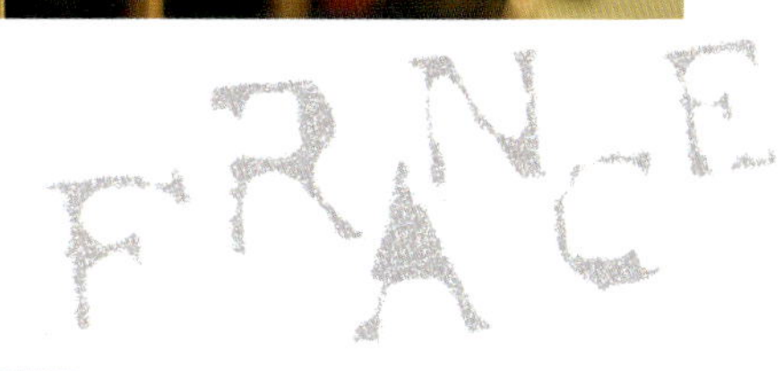

프랑스인 친구의 집에 초대되었을 때에는 빈손보다는 작은 선물을 가지고 가는 것이 예의인데, 만약 선물을 선택하기가 어렵다면 좋은 와인을 선물해 보는 건 어떨까요?

Est-ce que je pourrais essayer?
입어봐도 될까요?

기본회화

L'employé : **Bonjour madame, vous désirez?**
봉쥬흐　　마담　　부　데지헤

La cliente : **Est-ce que je pourrais essayer cette jupe noire s'il**
애 쓰　끄　쥬 뿌해　　애쎄이예　쎗트　쥐쁘　누와흐 씰

vous plaît?
부　　쁠래

L'employé : **Bien sûr madame. Quelle taille faites-vous?**
비앵　쒸흐 마담　　깰　　따이　패뜨 부

La cliente : **Je fais du 38.**
쥬 패　　뒤 트헝뜨–윗트

L'employé : **Voilà madame. La cabine est au fond à droite.**
부왈라　마담　　라　까빈　애　또 퐁　아 드후왓뜨

La cliente : **Je crois que cette jupe est un peu petite pour moi.**
쥬 크후와　끄　쎗트　쥐쁘　애　 떵 쁘　쁘띠뜨　뿌흐　무와

L'employé : **Vous voulez essayer une taille au-dessus?**
부　　불레　애쎄이예　윈느 따이　오 드쒸

La cliente : **Oui, s'il vous plaît.**
위　씰 부　쁠래

해석

직원 :	안녕하세요 부인, 원하시는 게 있으신가요?
여자 손님 :	이 검은 치마를 입어봐도 될까요?
직원 :	물론이지요, 부인. 사이즈가 어떻게 되시나요?
여자 손님 :	38입니다.
직원 :	여기 있습니다, 부인. 탈의실은 오른쪽 안쪽에 있습니다.
여자 손님 :	이 치마는 제게 조금 작은 것 같습니다.
직원 :	한 사이즈 큰 것을 입어보시겠습니까?
여자 손님 :	네, 그렇게 해주세요.

1. Je pourrais essayer cette jupe noire s'il vous plaît?

이 검은 치마를 입어봐도 될까요 ?

essayer(시도하다) 동사를 넣어 만든 Je pourrais essayer는 '~해볼 수 있다'의 뜻으로, 상대방에게 공손하게 말하는 말투입니다.

2. Quelle taille faites-vous? 사이즈가 어떻게 되시나요?

taille는 '신장'의 뜻도 있지만 여기에서는 '옷 사이즈'를 말하며 Vous faites quelle taille?도 같은 뜻으로 사용합니다.

3. Je fais du 38. 38입니다.

옷뿐만 아니라 신발 사이즈를 이야기할 때 je fais du~를 사용합니다. 바지나 치마의 경우 프랑스의 38 사이즈는 우리나라의 허리 29 정도에 해당합니다.

4. Vous voulez essayer une taille au-dessus?

한 사이즈 큰 것을 입어보시겠습니까?

au-dessus는 '그 위에'라는 뜻으로 한 사이즈 큰 것을 원할 때 씁니다. 한 사이즈 작은 것을 원할 때는 au-dessous라고 합니다.

Je voudrais une taille *au-dessous*.   한 사이즈 작은 것을 원합니다.

새로 나온 단어

employé 엉쁠루와이예	男 직원	**au fond** 오 퐁	안쪽
cliente 끌리엉뜨	女 여자 손님	**à droite** 아 드후왓뜨	오른쪽에
essayer 애쌔이예	시도하다	**crois** 크후와	croire(믿다)의 현재형
jupe 쥐쁘	女 치마	**un peu** 엥 쁘	조금
noire 누와흐	검정	**petite** 쁘띠뜨	작은
quelle 깰	어떤, 무슨	**moi** 무와	나
taille 따이	女 사이즈	**voulez** 불레	vouloir(원하다)의 현재형
cabine 까빈	女 탈의실	**au-dessus** 오 드쒸	그 위에

주요표현

Tip

Je m'habille.(옷을 입어요.)나 Je me déshabille.(옷을 벗어 요.)를 사용할 때에는 옷 명사 를 넣지 않습니다. 옷 명사를 넣 으려면 'mettre (옷을) 입다', 'enlever (옷을) 벗다' 동사를 사 용합니다.

Tip

être en~를 사용하면 '~을 입 고 있어요'가 됩니다.

Tip

~me va (très) bien는 '~이 내 게 (매우) 어울리다'라는 뜻입니 다.
Le rouge me va bien.
빨간색이 제게 잘 어울리네요.

Tip

신발, 장갑, 모자 등의 치수를 물어볼 때에는 pointure(치수, 사이즈)를 사용합니다.

Le matin, je m'habille.
르 마뗑　쥬 마비
아침에 저는 옷을 입어요.

Le soir, je me déshabille.
르 쑤와흐 쥬 므　데자비
저녁에는 저는 옷을 벗어요.

Je suis toujours en pantalon au bureau.
쥬 쒸이 뚜쥬흐　엉 빵딸롱　오 뷔호
저는 사무실에서 항상 바지를 입고 있어요.

Je voudrais essayer ce blouson qui est dans la vitrine.
쥬 부드해　애쌔이예 쓰 블루종　끼 애 덩　라 비트힌느
쇼윈도우 안에 있는 잠바를 입어보고 싶어요.

Ça vous plaît?
싸 부　쁠래
마음에 드시나요?

La couleur me va très bien.
라 꿀뢰흐　므 바 트해 비앵
색깔은 제게 매우 잘 어울리네요.

Mais c'est un peu grand.
매 쌔 떼 쁘　그헝
하지만 조금 커요.

Vous voulez essayer le même modèle en 38?
부　불레　애쌔이예 르 맴므 모댈　엉 트헝트–윗트
38 사이즈로 같은 모델을 입어보시겠어요?

Je pourrais essayer ces chaussures noires?
쥬 뿌해　애쌔이예 쎄 쇼쒸흐　누와흐
이 검은 신발들을 신어볼 수 있을까요?

Vous faites quelle pointure?
부　패뜨 깰　뿌앵뛰흐
신발 치수가 얼마인가요?

Je fais du 40.
쥬 패 뒤 꺄헝트
40입니다.

Alors, ça va?
알로흐 싸 바
괜찮으신가요?

Non, pas vraiment, c'est trop petit.
농 빠 브해멍 쌔 트호 쁘띠
아니요, 별로예요, 너무 작아요.

Vous avez un autre modèle dans ma pointure?
부 자베 엥 노트흐 모댈 덩 마 뿌앵뛰흐
제 치수로 다른 모델이 있으신가요?

Il ne me reste que ce modèle.
일 느 므 해스뜨 끄 쓰 모댈
이 모델만 남아 있네요.

Je vais quand même les essayer.
쥬 배 껑 맴므 레 재쌔이예
그래도 신어볼게요.

주요표현 단어

m'habille 마비	s'habiller(옷을 입다)의 현재형	**noires** 누와흐	검은, 검정
me déshabille 므 데자비	se déshabiller(옷을 벗다)의 현재형	**pointure** 뿌앵뛰흐	囡 치수, 사이즈
toujours 뚜쥬흐	항상	**pas vraiment** 빠 브해멍	별로
bureau 뷔호	男 사무실	**trop** 트호	너무
blouson 블루종	男 잠바	**petit** 쁘띠	작은
vitrine 비트힌느	囡 쇼윈도우(진열창)	**autre** 오트흐	다른
couleur 꿀뢰흐	囡 색깔	**modèle** 모댈	男 모델
même 맴므	같은	**reste** 해스뜨	rester(남다)의 현재형
chaussures 쇼쒸흐	囡 신발	**quand même** 껑 맴므	그래도, 그렇지만
		les 레	그것들을
		essayer 애쌔이예	시도하다

조건법

프랑스어에서 조건법을 사용하면 상대방에게 공손한 말투로 이야기를 하게 됩니다. 따라서 상대방에게 무엇을 부탁하거나 요구할 때, 희망하는 것이나 소원을 이야기할 때, 제안을 하거나 조언, 충고를 할 때 사용됩니다.

조건법은 크게 현재형과 과거형으로 나눠지는데, 여기서는 기본적인 일상생활에 필요한 대화를 만들 때 더 많이 활용하는 현재형에 대해서만 공부하겠습니다.

조건법 현재형을 만드는 방법

1군과 2군에 해당하는 동사는 동사원형에 반과거의 어미라고 불리는 ais, ais, ait, ions, iez, aient를 인칭의 순서대로 붙입니다.

3군 동사는 미래의 어근 뒤에 반과거의 어미를 붙이는데, 3군 동사는 불규칙이기 때문에 앞 [문법이야기]에서 살펴본 것과 같이 별도로 불규칙 동사들의 미래 어근을 외워 활용해야 합니다.

1군 동사의 경우	2군 동사의 경우	3군 동사의 경우	3군 동사의 경우
aimer (좋아하다, 사랑하다)	finir (마치다)	vouloir (원하다)	pouvoir (할 수 있다)
J'aimerais.	Je finirais.	Je voudrais.	Je pourrais.
Tu aimerais.	Tu finirais.	Tu voudrais.	Tu pourrais.
Il[Elle] aimerait.	Il[Elle] finirait.	Il[Elle] voudrait.	Il[Elle] pourrait.
Nous aimerions.	Nous finirions.	Nous voudrions.	Nous pourrions.
Vous aimeriez.	Vous finiriez.	Vous voudriez.	Vous pourriez.
Ils[Elles] aimeraient.	Ils[Elles] finiraient.	Ils[Elles] voudraient.	Ils[Elles] pourraient.

aimer(사랑하다, 좋아하다), vouloir(원하다), pouvoir(할 수 있다) 동사들은 조건법으로 가장 많이 애용되는 동사들이기도 합니다.

J'**aimerais** aller en France. 저는 프랑스에 가면 좋겠어요.

Au cas où vous **finiriez** tôt, appelez-moi. 일찍 끝낼 경우, 저를 불러 주세요.

Je **voudrais** visiter Paris. 파리를 구경하고 싶어요.

Est-ce que tu **pourrais** téléphoner à Sophie? 소피에게 전화해 줄 수 있겠니?

1. 아래의 문장을 해석해 보세요.

1) Bonjour madame, vous désirez?

2) Quelle taille faites-vous?

3) La cabine est au fond à droite.

2. 다음 (　) 안에 알맞은 단어를 넣어 보세요.

1) Je fais (　　) 40.   (치수가) 40입니다.
2) Non, pas (　　　)   아니오, 별로예요
3) C'est (　　　) petit.   너무 작아요.
4) C'est (　　　) grand.   조금 커요.

3. 아래의 문장과 의미가 같은 문장을 고르세요.

Le matin, je m'habille. 아침에 저는 옷을 입어요.

1) Le matin, je me déshabille.
2) Le matin, je mets mes vêtements.
3) Le matin, j'enlève mes vêtements.
4) Le matin, je me lève.

4. 아래의 질문에 어울리지 않은 응답을 고르세요.

Ça vous plaît? 마음에 드시나요?

1) La couleur me va très bien.   2) C'est un peu grand.
3) C'est trop petit.   4) Je fais du 40.

정답

1. 1) 안녕하세요 부인, 원하는 게 있으신가요?　2) 사이즈가 어떻게 되시나요?　3) 탈의실은 오른쪽 안쪽에 있습니다.　2. 1) du　2) vraiment　3) trop　4) un peu　3. 2)　4. 4)

의류 관련 단어

la veste 양복 상의
라 배쓰뜨

le blouson 잠바
르 블루종

le T-shirt 티셔츠
르 띠셔흐뜨

la robe 원피스, 드레스
라 호브

le manteau 외투
르 멍또

la jupe 치마
라 쥐쁘

le pull 스웨터
르 쀨

le pyjama 파자마
르 삐자마

l'uniforme 뤼니포흐므	男 제복	**les sous-vêtements** 레 쑤 배뜨멍 내의
le smoking 르 쓰모낑	예복	**le bas** 르 바 스타킹
le costume 르 꼬쓰뜀므	양복	**l'écharpe** 레샤흐쁘 女 머플러
le vêtement de prêt-à-porter 기성복		**la ceinture** 라 쌩뛰흐 허리띠
르 배뜨멍 드 뜨해따뽀흐떼		**les gants** 레 겅 男複 장갑
la chemise 라 슈미즈	셔츠, 와이셔츠	**les chaussures** 레 쇼쒸흐 女複 신발
la cravate 라 크하바뜨	넥타이	**les hauts talons** 레 오 딸롱 男複 하이힐
le gilet 르 질래	가디건	**les chaussures de sports** 운동화
le jean bleu 르 진 블르	청바지	레 쇼쒸흐 드 쓰뽀흐
le pantalon 르 뻥딸롱	바지	**les chaussures pour enfants** 女 아동화
la chaussette 라 쇼쎗뜨	양말	레 쇼쒸흐 뿌흐 엉펑
le tailleur 르 따이외흐	투피스	**le mouchoir** 르 무슈와흐 손수건
le chemisier 르 슈미지에	브라우스	**le sac à main** 르 싸까맹 핸드백
le soutien-gorge 르 쑤티앙 고흐쥬 브래지어		**le chapeau** 르 샤뽀 모자
le slip 르 슬립	팬티	

프랑스의 교육

9월에 시작해 6월이면 학기가 끝나는 프랑스 교육은 기본적으로 초등교육(l'enseignement primaire), 중등교육(l'enseignement secondaire), 고등교육(l'enseignement supérieur) 등 3단계로 분리됩니다. 프랑스의 교육은 6세에서 16세까지 의무화되어 있어서 초등교육과 중등교육이 무상으로 진행됩니다. 고등부 즉, 대학 교육에 관해서는 등록금을 내야 하지만 학생 장학 제도를 통해 일부 학생들은 등록금을 면제받을 수도 있습니다.

프랑스의 교육 과정을 살펴보면, 초등교육은 유치원(l'école maternelle)과 초등학교(l'école primaire)를 일컫는데, 유치원은 보통 3세에서 5세에 해당하는 아이들이 다니지만 기관에 따라 2세 때부터 다니는 곳도 있으며 의무교육은 아닙니다. 중등교육은 중학교(le collège)와 고등학교(le lycée)로 나뉘는데, 중학교는 11세에서 14세, 고등학교는 15세에서 18세에 해당됩니다.

고등교육은 크게 정규 대학(l'université)과 그랑제꼴(les grandes écoles)로 나뉩니다. 정규 대학에서는 우리나라의 수능에 해당되는 대학입학 자격 시험인 바깔로헤아(Baccalauréat), 줄여서 박(Bac) 시험을 통과했다면 누구나 입학할 자격이 주어지고 다양한 전공을 접할 수 있으며 3년이면 학사 학위(Bac+3)를 받습니다. 반면 그랑제꼴은 대학 위의 대학이라고 불릴만큼 Bac을 매우 우수한 성적으로 통과해야 하며 그랑제꼴 준비반에서 2년간 난이도 높은 교육과정을 거친 후 입학시험을 통과해야 최종적으로 입학하게 됩니다. 그랑제꼴은 정치, 경영, 공학 등 한 분야에 특화되어 있는 게 특징이며 학생 수가 적어 엘리트 교육에 해당됩니다.

기본회화

Le vendeur : **Madame, vous désirez?**
마담　　　　부　　데지헤

Marie : **Bonjour, monsieur! Je voudrais un kilo de**
봉쥬흐　　　므씨으　　　쥬 부드해　　엥 낄로 드

tomates s'il vous plaît.
또마뜨　　　씰　부　　뿔래

Le vendeur : **Voilà madame. Et avec ceci?**
부왈라　　마담　　　에　아백끄 쓰씨

Marie : **Il me faudrait une livre de fraises.**
일 므　포드해　　　윈느　리브흐 드 프해즈

Et un peu de persil.
에 엥 쁘　드　뻬흐실

Le vendeur : **Ce sera tout?**
쓰 쓰하 뚜

Marie : **Oui, c'est bon pour aujourd'hui.**
위　쌔　봉　뿌흐　오쥬흐뒤이

해석

상인 : 부인, 원하는 거 있으신가요?
마리 : 안녕하세요! 토마토 1kg을 원합니다.
상인 : 여기 있습니다, 부인.
　　　그리고 또 뭐가 필요하시죠?
마리 : 딸기 500g이 필요할 것 같아요.
　　　그리고 약간의 파슬리도요.
상인 : 이게 다인가요?
마리 : 네, 오늘은 이것으로 됐어요.

1. Et avec ceci? 그리고 또 뭐가 필요하시죠?

'이것과 함께 무엇을 드릴까요?'라고 직역할 수 있는 표현으로 추가적으로 구매할 것이 있는지 의사를 물어보고자 할 때 씁니다.

2. Il me faudrait une livre de fraises. 딸기 500g이 필요할 것 같아요.

livre는 남성명사로 쓰면 un livre(책)이라는 뜻이 되고, 여성명사로 쓰면 une livre(파운드) 즉 500g이란 뜻이 됩니다.

J'achète *un livre*. 나는 책 1권을 사요.

J'achète *une livre* de persil. 나는 파슬리 1파운드(500g)를 사요.

3. Ce sera tout? 이게 다인가요?

tout는 '모든, 다'의 뜻으로, 이 문장은 '그게 전부인가요?'라는 뜻입니다.

4. Oui, c'est bon pour aujourd'hui. 네, 오늘은 이것으로 됐어요.

c'est bon pour은 '~을 위해 좋다'라는 뜻입니다.

C'est bon pour la santé. 그것은 건강에 좋아요.

새로 나온 단어

vendeur 벙되흐	男 상인	**une livre de** 윈느 리브흐 드	~의 500g
désirez 데지헤	désirer(원하다, 바라다)의 현재형	**fraises** 프해즈	女 딸기
un kilo de 엥 낄로 드	~의 1kg	**un peu** 엥 쁘	조금
tomates 또마뜨	女 토마토	**persil** 뻬흐씰	男 파슬리
s'il vous plaît 씰 부 쁠래	부디 (부탁합니다)	**sera** 쓰하	être(~이다)의 단순미래
avec 아백끄	~와 함께	**tout** 뚜	다, 모든
ceci 쓰씨	이것	**bon** 봉	좋은
Il me faudrait 일 므 포드해	나에게 ~가 필요하다	**pour** 뿌흐	~을 위해

Bonjour monsieur, vous désirez?
봉쥬흐　　므씨으　　　부　　데지헤
안녕하세요, 원하는 거 있으신가요?

Tip
Il me faut~는 '나에게 ~가 필요해요'로 il은 비인칭입니다.

Il me faut un morceau de comté s'il vous plaît.
일므 포　엥 모흐쏘　　드 꽁떼　씰 부　쁠래
꽁떼 치즈 한 조각이 있어야 합니다.

Je voudrais un paquet de biscuits.
쥬 부드해　　엥 빠께　　드 비쓰뀌이
과자 한 상자를 원합니다.

Tip
biscuit는 paquet(상자) 단위로 구매할 수 있습니다.

Donnez-moi aussi un petit pot de crème fraîche.
도네 무와　　오씨 엥 쁘띠 뽀 드 크햄　프해쉬
생크림 작은 단지 하나도 주세요.

Ce sera tout?
쓰 쓰하 뚜
이게 다인가요?

Tip
생크림은 pot(단지, 항아리) 단위로 살 수 있습니다.

Non, il me faut aussi cinq tranches de jambon.
농　일므 포 오씨　쌩 트헝쉬　　드 정봉
아니요, 햄 다섯 슬라이스도 있어야 해요.

Tip
Jambon은 돼지고기 뒷다리살을 얇게 썬 햄으로, 진공포장된 것이 아니면 주문 즉시 썰어주는 것을 구매할 수 있습니다. 두꺼운 걸 원하면 épais(에빼), 얇은 걸 원하면 fin(펭)이라고 말하면 됩니다.

Je vais prendre deux bouteilles de coca.
쥬 배 프헝드흐 드　　부떼이　　　드 꼬까
콜라 두 병으로 하겠습니다.

Et avec ceci?
에 아백끄 쓰씨
그리고 또 뭐가 필요하신지요?

Tip
마요네즈는 튜브 형태로 구매 가능합니다.

Je voudrais un tube de mayonnaise.
쥬 부드해　　엥 튀브 드 마요내즈
마요네즈 튜브 한 개를 원합니다.

Désolé madame, nous n'avons plus de mayonnaise.
데졸레　마담　　누　나봉　　쁠뤼 드 마요내즈
죄송합니다 부인, 마요네즈가 더 이상 없네요.

madame과 monsieur는 직역하면 아주머니와 아저씨인데, 손님을 정중하게 부를 때 쓰기도 합니다.

douzaine는 12개 정도란 뜻으로, une douzaine는 한 다스가 됩니다.

l'eau plate는 탄산이 없는 물로 Évian 또는 Volvic 등의 브랜드가 있고, l'eau gazeuse는 탄산수로는 Perrier, Badoit 등의 브랜드가 있습니다.

Madame? / Monsieur?
마담　　　　　　　　　므씨으
손님?

Je voudrais une douzaine d'œufs.
쥬 부드해　　　윈느 두잰느　　　　드
달걀 한 줄을 원합니다.

Une bouteille d'huile s'il vous plaît.
윈느 부떼이　　　뒬르　　씰 부　　쁠래
기름 한 병이요.

Est-ce que vous avez de l'eau minérale?
애 쓰　　끄 부　　자베 드 로　　미네할
미네랄워터(광천수) 있나요?

Bien sûr, monsieur. Nous avons de l'eau plate ici.
비앵 쒸흐 므씨으　　　　누　　자봉　드 로　　쁠라뜨 이씨
물론이지요, 손님. 여기에 생수가 있습니다.

Et vous avez de l'eau gazeuse derrière vous.
에 부　　자베 드 로　　가즈즈　　대히애흐 부
당신(손님) 뒤에 탄산수가 있습니다.

주요표현 단어

단어	성	뜻
morceau 모흐쏘	男	조각
comté 꽁떼	男	콩테 치즈
paquet 빠께	男	상자
biscuits 비스뀌이	男	과자
pot 뽀	男	단지, 항아리
crème fraîche 크햄 프해쉬	女	생크림
tranches 트헝쉬	女	슬라이스
jambon 정봉	男	햄
bouteilles 부떼이	女	병
coca 꼬까	男	콜라
tube 튀브	男	튜브
mayonnaise 마요내즈	女	마요네즈
une douzaine 윈 두잰느		한 다스
bouteille 부떼이	女	병
huile 윌르	女	기름, 오일
eau minérale 오 미네할	女	미네랄워터
eau plate 오 쁠라뜨	女	생수
ici 이씨		여기
eau gazeuse 오 가즈즈	女	탄산수
derrière 대히애흐		~ 뒤에

명사 앞에 관사를 사용하지 않기

프랑스어는 명사 앞에 항상 관사를 사용해야 하지만 아래와 같은 경우에는 관사를 사용하지 않습니다.

1. 부정문인 경우

부정관사와 부분관사는 부정문일 때 관사가 de로 대체되며 이것을 '부정의 de'라고 부릅니다.

J'ai **une** voiture.	→	Je n'ai pas **de** voiture.
나는 자동차가 1대 있어요.		나는 자동차가 없어요.
Elle achète **des** livres.	→	Elle n'achète pas **de** livres.
그녀는 책들을 사요.		그녀는 책들을 사지 않아요.
Tu manges **du** pain.	→	Tu ne manges pas **de** pain.
너는 빵을 먹어요.		너는 빵을 먹지 않아요.
Nous buvons **de l'**eau	→	Nous ne buvons pas **d'**eau.
우리는 물을 마셔요.		우리는 물을 마시지 않아요.

☞부정의 de 뒤에 모음 단어가 오면 축약합니다.

2. '많이, 조금, 한 조각, 1리터' 등 양을 나타내는 표현들이 오면 부정관사나 부분관사는 de로 바뀝니다.

J'ai une voiture	→	J'ai **beaucoup de** voitures.
나는 차가 1대 있어요.		나는 차가 많아요.
Je mange de la farine	→	Je mange **un kilo de** farine.
나는 밀가루를 먹어요.		나는 밀가루 1킬로를 먹어요.

정관사는 그 어떠한 경우에서도 de로 대체되거나 탈락되지 않습니다.

J'aime **la** voiture. 나는 자동차를 좋아해요.

→ Je n'aime pas **la** voiture. 나는 자동차를 좋아하지 않아요.

→ J'aime beaucoup **la** voiture. 나는 자동차를 많이 좋아해요.

1. 아래의 (   ) 안에 알맞은 단어를 넣으세요.

1) Je voudrais (   )œufs. 달걀 한 줄을 원해요.

2) (   )huile s'il vous plaît. 기름 한 병이요.

3) Je voudrais (   ) biscuits. 과자 한 상자를 원해요.

4) Je voudrais (   ) mayonnaise. 마요네즈 튜브 하나 원해요.

2. 아래의 질문에 알맞은 답을 고르세요.

> **Est-ce que vous avez de l'eau minérale?**
> 미네랄워터(광천수) 있으신가요 ?

1) Vous avez de l'eau plate ici.

2) Nous avons des bouteilles d'eau ici.

3) Vous avez de l'eau gazeuse derrière vous.

4) Nous avons beaucoup de bouteilles.

3. 어울리지 않은 물건의 단위를 고르세요.

1) Je voudrais un paquet de biscuits.

2) Donnez-moi aussi un petit pot de crème fraîche.

3) Il me faut un morceau de mayonnaise s'il vous plaît.

4) Il me faut aussi cinq tranches de jambon.

4. 아래의 문장 중 고객이 하는 대사로 적당하지 않은 문장들을 찾으세요.

1) Madame, vous désirez ?

2) Je voudrais un peu de persil s'il vous plaît.

3) Et avec ceci ?

4) Il me faudrait une livre de fraises.

5) Vous avez des tomates ?

---

note

- douzaine : 12개 정도
- bouteille : 병
- biscuits : 과자
- paquet : 상자
- tube : 튜브

- eau plate : 생수
- eau gazeuse : 탄산수
- beaucoup : 많이

- pot : 단지, 항아리
- morceau : 조각
- tranches : 슬라이스

- voudrais : vouloir(원하다)의 조건법
- persil : 파슬리
- une livre : 500g
- un peu : 조금
- fraises : 딸기

정답

1. 1) une douzaine d'   2) une bouteille d'   3) un paquet de   4) un tube de   2. 1)   3. 3)   4. 1), 3)

과일 · 채소 관련 단어

la pomme 사과
라 뽐므

la poire 배
라 뿌아흐

le kaki 감
르 까끼

la banane 바나나
라 바난느

l'orange 오렌지
로헝쥬

la pastèque 수박
라 빠스때끄

le raisin 포도
르 해쟁

la fraise 딸기
라 프해즈

la châtaine 라 샤땐느	밤	**le navet** 르 나배	무
la cerise 라 쓰히즈	체리	**la salade** 라 쌀라드	상추
le pamplemousse 르 뻥쁠르무쓰	자몽	**l'épinard** 레삐나흐	시금치
le melon 르 믈롱	멜론	**l'aubergine** 로배흐진	가지
la myrtille 라 미흐띠으	블루베리	**la courgette** 라 꾸흐제뜨	호박
la pêche 라 빼쉬	복숭아	**le concombre** 르 꽁꽁브흐	오이
la prune 라 프휜느	자두	**la carotte** 라 까훗뜨	당근
la noix 라 누아	호두	**l'oignon** 로니옹	男 양파
la noix de coco 라 누아 드 꼬꼬	코코넛	**le poireau** 르 뿌아호	파
la mangue 라 멍그	망고	**l'ail** 라이	男 마늘
la papaye 라 빠빠이으	파파야	**la pomme de terre** 라 뽐므 드 떼흐	감자
l'ananas 라나나	男 파인애플	**la patate douce** 라 빠따뜨 두쓰	고구마
le citron 르 씨트홍	레몬	**le champignon** 르 셩삐니옹	버섯
le chou 르 슈	양배추	**le piment** 르 삐멍	고추
le chou de chine 르 슈 드 쉰느	배추	**la tomate** 라 또마뜨	토마토

프랑스인들은 구르멍(Gourmand)이다.

프랑스 영화를 보다 보면 음식에 관한 부분에서 프랑스 또는 프랑스인에 비유하여 이야기하는 것을 쉽게 볼 수 있습니다. 디즈니가 선보인 인어공주에서는 프랑스인 요리사를 등장시키는가 하면 영화 제목 자체가 요리 이름이었던 라따뚜이(Ratatouille)에서는 프랑스를 배경으로 열정적으로 요리하는 쥐를 만나볼 수도 있었습니다. 이것을 보더라도 프랑스 하면 빼놓을 수 없는 것이 바로 '미식'이 아닐 수 없습니다. 미식가(gourmand)라 불리는 만큼 프랑스인들은 음식을 즐기며 맛있게 먹는 것을 좋아합니다. 식탁에 둘러앉아 정성스럽게 만들어진 음식에 대해 칭찬을 건네는 것을 시작으로 이야기를 나누다 보면 1시간을 훌쩍 넘기기도 합니다. '천천히 음미하며'는 '맛'에서 오는 기쁨을 프랑스인들이 알기 때문일 테고, 새롭고 다양한 맛의 끊임없는 연구가 프랑스를 더욱더 요리 국가로서 자리잡을 수 있게 하는 것이 아닐까 싶습니다.

프랑스의 음식을 맛볼 수 있는 식당의 종류는 일반적인 레스토랑(restaurant)이 있는데, 고급 레스토랑인 경우에는 복장도 갖추어야 하고 테이블 예약도 필수로 해야 합니다. 전채 요리, 메인 요리, 디저트를 코스로 주문하는 게 일반적이지만 고급 레스토랑이 아닌 경우 코스로 주문하지 않기도 합니다. 비스트로(bistro)는 일반적으로 레스토랑보다 그 규모가 작고 가정집과 같은 편안한 분위기 속에서 지역 특산물을 이용한 향토 음식과 함께 저렴하게 맥주나 와인을 즐길 수 있습니다. 브라스리(brasserie)는 레스토랑이나 비스트로에 비해 사이즈가 큰 술집으로 밤늦게까지 운영을 합니다. 간단한 식사도 가능하며 비용도 저렴합니다.

Où allez-vous?

어디 가시나요?

기본회화

Jeanne : **Pardon, monsieur, je suis un peu perdue.**
빠흐동　므씨으　쥬 쒸이 엥 쁘 빼흐뒤

Frank : **Où allez-vous?**
우　알레 부

Jeanne : **Je voudrais aller à la station Montparnasse.**
쥬 부드해　알레　알 라 쓰따씨옹　몽빠흐나쓰

Frank : **Vous êtes en voiture?**
부　제뜨 정 부와뛰흐

Jeanne : **Non, je suis à pied.**
농　쥬 쒸이 아 피에

Frank : **Alors, c'est facile. Vous allez tout droit, ensuite vous**
알로흐　쌔　파씰르　부　잘레　뚜　드후와　엉쒸뜨　부

prenez la première rue à gauche.
프흐네　라 프흐미애흐　휘 아 고슈

Jeanne : **À gauche. Merci beaucoup, monsieur.**
아 고슈　매흐씨　보꾸　므씨으

해석

잔느 ：　죄송합니다. 제가 길을 잃었어요.

프랑크 ：　어디 가시나요?

잔느 ：　몽파르나스역에 가려고 합니다.

프랑크 ：　자동차로 가시나요?

잔느 ：　아니오, 걸어서요.

프랑크 ：　그럼, 쉽습니다. 직진해서 가신 다음
　　　　　왼쪽의 첫 번째 길로 가세요.

잔느 ：　왼쪽이요. 고맙습니다.

1. je suis un peu perdue. 제가 길을 잃었어요.

여기에서 사용하는 perdue는 perdre(잃다)의 뜻인데, 길뿐만 아니라 물건을 잃어버린 경우에도 같은 동사를 사용합니다.

J'ai *perdu* mon passeport. 내 여권을 잃어버렸어요.

passeport 빠스뽀흐 團 여권

2. Je voudrais aller à la station Montparnasse. 몽파르나스역에 가려고 해요.

Je voudrais aller~ '~를 가고 싶다'는 뜻이 되는데 여기에 사용하는 Je voudrais는 상대방에서 공손하게 이야기할 때 쓰는 표현입니다.

3. Vous êtes en voiture? 자동차로 가시나요?

이동수단 관련 단어 앞에 en이라는 전치사를 붙이면 '~로' 가 됩니다. 하지만 à 전치사가 붙는 것도 있습니다.

Je suis *en* taxi. 나는 택시로 갑니다.
Je suis *à* vélo. 나는 자전거로 갑니다.

taxi 딱씨 團 택시   vélo 벨로 團 자전거

4. Vous prenez la première rue à gauche. 왼쪽의 첫 번째 길로 가세요.

프랑스는 길을 찾을 때에 거리 개념이어서 거리 이야기를 많이 합니다. 이때에 prendre(타다, 마시다, 먹다, 잡다)라는 동사를 사용하는데, 이 단어를 길과 관련된 내용에서는 '길 또는 방향을 택하다'로 번역합니다.

새로 나온 단어

un peu 엥쁘	조금	facile 파씰르	쉬운
perdue 빼흐뒤	잃은, 분실한	tout droit 뚜드후와	직진
où 우	어디	ensuite 엉쒸뜨	그런 다음
aller 알레	가다	prenez 프흐네	prendre(타다)의 과거분사
station 스따씨옹	囡 전철역	première 프흐미애흐	첫 번째의
voiture 부와뛰흐	囡 자동차	rue 휘	囡 거리
à pied 아 삐에	걸어서	gauche 고슈	왼쪽

주요표현

c'est par où?는 '어느 쪽으로 가야 하는지'라는 뜻으로, 길을 물을 때 사용합니다.

Excusez-moi madame, la poste c'est par où?
액쓰뀌제 무와　　마담　　라 뽀스뜨 쌔　빠흐 우
죄송합니다 부인, 우체국은 어느 쪽에 있나요?

Vous êtes à pied?
부　　제뜨 아 피에
걸어서 가시나요?

j'y vais~는 '나는 거기에 가요' 로, 그 뒤에 이동수단을 붙여도 좋고 질문의 대답용으로 쓸 수 도 있습니다.
Oui, j'y vais. 응, 나 거기 가.

Oui, j'y vais à pied.
위　지 배　아 피에
네, 저는 거기에 걸어서 가요.

Il y a un bus qui passe devant la poste.
일리아 엥 뷔쓰 끼 빠쓰　드벙　라 뽀스뜨
우체국 앞을 지나가는 버스 한 대가 있어요.

Le bus, c'est quel numéro?
르 뷔쓰 쌔　깰　뉘메호
버스는 몇 번인가요?

번호 앞에는 le를 붙여줍니다.

Le bus? C'est le 96.
르 뷔쓰　쌔　르 까트흐뱅쌔즈
버스요? 96번이에요.

C'est un peu loin.
쌔　떵 쁘 루앙
조금 멀어요.

Vous traversez le pont.
부　트하배흐쎄　르 뽕
다리를 건너세요.

Vous allez jusqu'à une place.
부　잘레 쥐쓰꺄　윈느 쁠라쓰
광장까지 가세요.

c'est à 뒤에 시간을 붙이면 '~ 시간 정도 됩니다'라는 뜻이 됩니다.

C'est à 15 minutes à pied.
쌔　따 깽즈 미뉘뜨　아 피에
걸어서 15분이에요.

Pardon monsieur, je cherche une pharmacie s'il vous plaît.
빠흐동 　 므씨으 　 쥬 쉐흐슈 　 윈느 파흐마씨 　 씰 부 　 쁠래
죄송합니다 아저씨, 제가 약국을 찾고 있어요.

Ce n'est pas loin.
쓰 내 빠 루앙
멀지 않아요.

C'est tout près.
쌔 뚜 프해
아주 가까워요.

Vous tournez à droite.
부 뚜흐네 아 드후와뜨
오른쪽으로 도세요.

Vous allez tout droit.
부 잘레 뚜 드후와
직진해서 가세요.

Vous verrez la pharmacie juste en face.
부 배헤 라 파흐마씨 쥐스뜨 엉 파쓰
바로 맞은편에 약국이 보이실 거예요.

주요표현 단어

poste 뽀쓰뜨	囡 우체국	**cherche** 쉐흐슈	chercher(찾다)의 현재형
pied 피에	男 발	**pharmacie** 파흐마씨	囡 약국
bus 뷔쓰	男 버스	**loin** 루앙	먼
devant 드벙	앞에	**près** 프해	가까운
numéro 뉘메호	男 번호	**tournez** 뚜흐네	tourner(돌다, 꺾다)의
un peu 엥쁘	조금		현재형
traversez 트하배흐쎄	traverser(건너다)의	**droite** 드후와뜨	오른쪽
	현재형	**tout droit** 뚜 드후와	직진
pont 뽕	男 다리	**juste** 쥐쓰뜨	바로
jusqu'à 쥐쓰까	～까지	**en face** 엉 파쓰	맞은편, 정면

근접과거(Le passé récent)

　프랑스어의 근접과거란 방금 전에 일어난 행위를 나타내는데 '방금 ~했다'를 뜻합니다. 근접과거는 공식으로 이루어져 있는데, '오다'라는 뜻의 venir을 현재형으로 바꾼 뒤 de 전치사와 동사원형을 붙입니다.

　→ venir(현재형)＋de＋동사원형

• manger(먹다) 동사를 이용한 근접과거

Je **viens de** manger.	나는 방금 먹고 왔어요.
Tu **viens de** manger.	너는 방금 먹고 왔어.
I[Elle] **vient de** manger.	그[그녀]는 방금 먹고 왔어요.
Nous **venons de** manger.	우리는 방금 먹고 왔어요.
Vous **venez de** manger.	당신[당신들/너희들]은 방금 먹고 왔어요.
Ils[Elles] **viennent de** manger.	그들[그녀들]은 방금 먹고 왔어요.

　대명동사도 위 방법과 동일하게 근접과거가 만들어지는데, 대명동사가 갖고 있는 재귀어를 인칭에 따라 바꾸면서 동사원형 앞에 넣는 것이 다릅니다.

• se laver(씻다)를 이용한 근접과거

Je **viens de** me laver.	나는 방금 씻었어요.
Tu **viens de** te laver.	너는 방금 씻었어.
Il[Elle] **vient de** se laver.	그[그녀]는 방금 씻었어요.
Nous **venons de** nous laver.	우리는 방금 씻었어요.
Vous **venez de** vous laver.	당신[당신들/너희들]은 방금 씻었어요.
Ils[Elles] **viennent de** se laver.	그들[그녀들]은 방금 씻었어요.

1. 아래의 질문에 알맞은 답을 고르세요.

> **Pardon monsieur, je cherche le musée du Louvre s'il vous plaît.**

1) Ce n'est pas loin.

2) C'est un livre.

3) Ce n'est pas le musée du Louvre.

4) C'est cher.

- musée du Louvre : 루브르 박물관
- loin : 먼
- livre : 책
- cher : 비싼

2. 길을 찾을 때 쓰는 표현이 아닌 것을 찾으세요.

1) C'est tout près. 2) Vous tournez à droite.

3) Vous allez tout droit. 4) Vous êtes occupé.

- près : 가까운
- droite : 오른쪽
- tout droit : 직진
- occupé : 바쁜

3. 아래의 문장을 해석해 보세요.

1) Vous êtes à pied?

2) J'y vais à pied.

3) Le bus, c'est quel numéro?

- pied : 발
- y : 거기
- numéro : 번호

4. 다음 (   ) 안에 들어갈 알맞은 단어를 쓰세요.

1) Vous traversez (   ). 다리를 건너세요.

2) La poste (   )? 우체국은 어느 쪽에 있나요?

3) Le bus? C'est (   ). 버스요? 96번이에요.

4) C'est à 15 minutes (   ). 걸어서 15분이에요.

- traversez : traverser (건너다)의 현재형
- poste : 우체국

정답

1. 1)   2. 4)   3. 1) 걸어서 가시나요? 2) 저는 거기에 걸어서 가요. 3) 버스는 몇 번인가요?   4.
1) le pont   2) c'est par où   3) le 96   4) à pied

방향 관련 단어

droite 오른쪽
드후와뜨

gauche 왼쪽
고슈

sur 위
쒸흐

sous 아래
쑤

la carte 지도
라 까흐뜨

le passage clouté
르 빠싸쥬 끌루떼
횡단보도

la sortie 출구
라 쏘흐띠

les feux tricolores
레 프 트히꼴로흐
신호등

le chemin 르 쉬맹	길	**derrière** 대히애흐	뒤에
l'Est 래스트	동	**dans** 덩	안에
l'Ouest 루애쓰뜨	서	**dehors** 드오흐	밖에
le Sud 르 쒸드	남	**l'entrée** 렁트헤	囡 입구
le Nord 르 노흐	북	**la section** 라 쌕씨옹	구간
le Sud-Est 르 쒸대쓰뜨	남동	**le feu vert** 르 프 배흐	청신호, 안전신호
le Sud-Ouest 르 쒸두애쓰뜨	남서	**le feu rouge** 르 프 후즈	적신호, 위험신호
le Nord-Est 르 노흐애쓰뜨	북동	**le signe** 르 씨니으	표시
le Nord-Ouest 르 노흐우애쓰뜨	북서	**le stop** 르 쓰똡	멈춤 표시
à côté 아 꼬떼	옆에	**la système de navigation / le GPS**	
prochain 프호쉥	다음의	라 씨스땜 드 나비가씨옹 / 르 쥬뻬애쓰	내비게이션
le milieu 르 밀리으	중간	**la lampe** 라 렁쁘	램프
en face 엉 파쓰	맞은편에	**la voie** 라 부와	차선
près 프헤	가까이에	**le croisement** 르 크후와즈멍	교차로
devant 드벙	앞에	**le saut-de-mouton** 르 쏘 드 무똥	입체교차로

프랑스의 전철

　프랑스에서 보게 되는 M이라는 표시 또는 Métropolitain은 메트로 즉, 전철입니다. 내국인뿐만 아니라 전 세계 사람들이 선호하는 이동수단인 만큼 그 교통망이 잘 되어 있습니다. 전철역(station) 안에서 자주 보이는 표시 중 하나가 RER인데 파리 시내와 시외를 연결하는 수도권 고속전철(Réseau Express Régional)의 약자입니다. 교외 전철이라고도 할 수 있는데 시속이 140km에 달하며 일반 전철과 달리 모든 역에서 정차하지는 않습니다.

　지하철을 이용하려면 티켓(ticket)이 있어야 하는데 매표소, vente라고 쓰여진 자동판매기, 담배가게(tabac) 등에서 구입할 수 있습니다. 티켓의 종류는 다양한데 체류기간에 따라 구입하는 것이 좋습니다. 하루 동안 파리 시내와 근교의 대중교통 수단을 자유롭게 이동하고 싶다면 mobilis 또는 1회권을 10장으로 묶은 carnet를 구매해도 좋습니다. carnet는 파리 시내 지하철, RER, 파리 시내 및 교외버스에 공통으로 사용할 수 있는 장점이 있습니다.

　1주일간 프랑스에 머물 예정이라면 한 주 동안 무제한으로 버스나 지하철을 이용할 수 있는 Carte Orange Hebdomadaire를 구입하는 것도 좋은 방법입니다. 또한 한 달 동안 체류할 예정이라면 지하철이나 버스가 모두 무제한으로 이용 가능한 Carte Orange Mensuel을 구매할 수 있는데, 이용자의 사진을 붙이고 이름을 기입해야 벌금을 물지 않습니다. 티켓을 사용한 후에는 역 밖으로 완전히 나갈 때까지 티켓을 잘 보관해야 티켓을 자주 검사하는 검표원과의 마찰을 예방할 수 있습니다.

　프랑스의 지하철은 우리나라와 달리 내릴 때 문이 자동으로 열리는 지하철도 있지만 문에 설치된 버튼을 누르거나 손잡이를 위로 올려야 열리는 구식 전철도 있으니 문이 열리지 않는다고 당황하지 말고 버튼을 누르면 됩니다.

Vous avez de la fièvre?

열이 있으신가요?

기본회화

Lucie :
Bonjour monsieur, je voudrais quelque chose
봉쥬흐　므씨으　쥬 부드해　깰끄　쇼즈

pour la toux.
뿌흐　라 뚜

Le pharmacien :
Vous toussez depuis quand?
부　뚜쎄　드쀠이　껑

Lucie :
Depuis 2 jours. Et j'ai mal à la tête aussi.
드쀠이　드 쥬흐　에 줴 말　알 라 때뜨 오씨

Le pharmacien :
Vous avez de la fièvre?
부　자베　들 라 피애브흐

Lucie :
Non, je ne crois pas.
농　쥬 느 크후와 빠

Le pharmacien :
Bon, Vous prendrez deux comprimés, deux
봉　부　프헝드헤　드　꽁프히메　드

fois par jour. Ça ira mieux très vite.
푸와　빠흐 쥬흐　싸 이하 미으　트해 비뜨

루시 : 안녕하세요 아저씨,
　　　기침에 관한 약을 사려고 해요.

약사 : 언제부터 기침을 하시나요?

루시 : 이틀 전부터요. 그리고 머리도 아파요.

약사 : 열이 있으신가요?

루시 : 아니요, 아닌 것 같아요.

약사 : 그럼, 알약 2개를 하루에 2번 드세요.
　　　금방 나아질 거예요.

1. Vous toussez depuis quand? 언제부터 기침을 하시나요?

depuis quand은 '언제부터'라는 뜻입니다.

Vous êtes en France *depuis quand*? 언제부터 프랑스에 계시나요?

2. J'ai mal à la tête aussi. 머리도 아파요.

j'ai mal à~ 는 '~에 아픔을 갖고 있다'라고 직역할 수 있습니다. 즉, 어디가 아플 때 사용하는 표현인데, 뒤에 아픈 신체부위를 정관사와 함께 넣습니다.

J'ai mal à la main. 저는 손이 아파요.

3. Vous prendrez deux comprimés, deux fois par jour.
알약 2개를 하루에 2번 드세요.

약을 섭취할 때에는 manger(먹다) 동사를 쓰지 않습니다. 따라서 prendre(먹다, 복용하다) 동사를 사용합니다. fois는 '~번'이란 뜻인데 '~에 ~번'을 표현하려면 ~fois par~이라고 합니다.

Je lis deux *fois par* semaine. 나는 1주일에 2번 읽어요.

4. Ça ira mieux très vite. 금방 나아질 거예요.

Mieux는 '더 잘'로 ça ira mieux은 '더 잘될 것이다'라는 뜻입니다. mieux 앞에 정관사를 넣으면 '가장, 최선'이라는 뜻의 최상급이 됩니다.

C'est Paul qui écrit *le mieux*. 폴이 가장 잘 써요.

새로 나온 단어

quelque chose 깰끄 쇼즈	무엇인가	aussi 오씨	~도
pour 뿌흐	무엇을 위해	fièvre 피애브흐	囡 열
toux 뚜	囡 기침	crois 크후와	croire(믿다)의 현재형
pharmacien 파흐마씨앵	男 약사	prendrez 프헝드헤	prendre(복용하다)의 단순미래
toussez 뚜쎄	tousser(기침하다)의 현재형	comprimés 꽁프히메	男 알약
depuis 드쀠이	~전부터	fois 푸와	번, 회
quand 껑	언제	ira 이하	aller(가다)의 단순미래
jour 쥬흐	男 요일, 날	mieux 미으	더 잘
mal 말	아픈, 나쁜	vite 비뜨	빨리
tête 때뜨	囡 머리		

주요표현

Tip

être malade를 쓰면 '아프다'가 됩니다. 이것을 응용한 표현으로는 J'en suis malade.로, '그것 때문에 골치가 아파.'라는 뜻입니다.

Tip

on me dit que는 간접화법의 말투로 '누가 나에게 ~라고 말해요'입니다.

Tip

arrivé는 arriver(도착하다)의 뜻인데, 이 문장에서는 '발생하다'의 뜻으로 쓰였습니다.

Qu'est-ce que vous avez?
깨쓰 끄 부 자베
무슨 일이세요?

Je suis malade.
쥬 쒸이 말라드
저는 아파요.

Mais on me dit que je fais le malade.
매 옹 므 디 끄 쥬패 르 말라드
하지만 제가 꾀병을 부린다고 해요.

Je suis grippé.
쥬 쒸이 그히뻬
유행성 감기에 걸렸어요.

Qu'est-ce qui vous est arrivé?
깨쓰 끼 부 재 따히베
무슨 일이 일어난 거예요?

Comment vous avez fait ça?
꼬멍 부 자베 패 싸
어쩌다가 그러신 거예요?

Vous boitez?
부 부와떼
다리를 저는 거예요?

Qu'est-ce qui ne va pas?
깨쓰 끼 느 바 빠
어디가 안 좋으신 거예요?

Je me suis fait mal à la cheville.
쥬 므 쒸이 패 말 알라 슈비으
발목을 다쳤어요.

J'ai raté une marche.
줴 하떼 윈느 마흐슈
계단 하나를 놓쳤어요.

Je me suis cassé la jambe.
쥬 므 쒸이 까쎄 라 정브
다리가 부러졌어요.

J'ai la jambe dans le plâtre.
줴 라 정브 덩 르 쁠라트흐
다리에 깁스를 했어요.

Je me suis tordu la cheville.
쥬 므 쒸이 또흐뒤 라 슈비으
발목을 삐었어요.

Quand j'appuie là, ça fait mal?
껑 자쀠이 라 싸 패 말
제가 여기를 누르면 아픈가요?

Elle a mal aux dents.
앨 라말 오 덩
그녀는 치아가 아파요.

Elle doit aller chez le dentiste.
앨 두와 알레 쉐 르 덩띠스뜨
그녀는 치과에 가야만 해요.

주요표현 단어

malade 말라드	아픈	**plâtre** 쁠라트흐	男 깁스
dit 디	dire(말하다)의 현재형	**tordu** 또흐뒤	se tordre(삐다)의 과거분사
grippé 그히뻬	유행성 감기에 걸린	**cheville** 슈비으	女 발목
boitez 부와떼	boiter(절다)의 현재형	**appuie** 아쀠이	appuyer(~을 누르다)의 현재형
raté 하떼	rater(놓치다)의 과거분사		
marche 마흐슈	女 계단, (계단의) 단	**fait mal** 패 말	faire mal(아프게 하다)의 과거분사
cassé 까쎄	se casser(부러지다)의 과거분사		
		dents 덩	女 치아
jambe 정브	女 다리	**dentiste** 덩띠스뜨	男 치과의사

문법이야기

avoir 동사

avoir는 '가지다'라는 소유를 나타낼 때 쓰이는 동사이지만, 나이를 이야기할 때나 아픈 신체 부위를 말할 때, 그리고 숙어에 포함되어 쓰이기도 합니다.

avoir : 가지다	
J'ai	J'**ai** un petit frère. 나는 남동생이 한 명 있습니다.
Tu as	Tu **as** mal à la tête? 너는 머리가 아파?
Il[Elle] a	Il[Elle] **a** 20 ans. 그[그녀]는 20살이에요.
Nous avons	Nous **avons** faim. 우리는 배고파요.
Vous avez	Vous **avez** les yeux bleus. 당신은 파란 눈을 가졌어요.
Ils[Elles] ont	Ils[Elles] **ont** peur. 그들[그녀들]은 두려워요.

avoir 동사가 들어가는 숙어는 다음과 같습니다.

avoir faim	배고프다
avoir soif	목 마르다
avoir chaud	덥다
avoir froid	춥다
avoir sommeil	졸리다
avoir peur	두렵다
avoir besoin (de)	(~에 대해) 필요하다
avoir envie (de)	(~에 대해) 원하다

avoir를 이용하여 신체 부위가 아프다는 것을 표현하고자 한다면 '~에 아픔을 가지고 있다'라는 뜻인 'avoir+à+정관사+신체부위 명사'의 공식을 이용합니다.

Il a mal **à la** jambe. 그는 다리가 아파.

Tu as mal **au** ventre? 너 배가 아프니?
　　　à+le

J'ai mal **aux** yeux. 눈이 아파요.
　　à+les

1. 아픈 것과 관련이 없는 것을 고르세요.

1) Qu'est-ce qui ne va pas?
2) Comment vous avez fait ça?
3) Quand j'appuie là, ça fait mal?
4) Est-ce que vous avez faim?

2. 아래의 질문에 어울리지 않는 답을 고르세요.

Qu'est-ce qui vous est arrivé?
무슨 일이 일어난 거예요?

1) Je me suis cassé la jambe.
2) J'ai la jambe dans le plâtre.
3) Je me suis tordu la cheville.
4) J'ai soif.

3. 아래의 문장을 해석해 보세요.

1) Elle a mal à la gorge.

2) Je me suis cassé la jambe.

3) Je suis malade.

4) Je suis grippé.

정답

1. 4)   2. 4)   3. 1) 그녀는 목구멍이 아파요.   2) 다리가 부러졌어요.   3) 저는 아파요.   4) 유행성 감기에 걸렸어요.

병 관련 단어

le mal de tête 두통
르 말 드 때뜨

le mal de dents 치통
르 말 드 덩

la fièvre 열
라 피애브흐

la piqûre / l'injection
라 삐뀌흐 / 랭잭씨옹
囡 주사

le vertige 어지러움
르 배흐띠쥬

le pansement 붕대
르 뻥쓰멍

le mal de dos
르 말 드 도
허리 통증

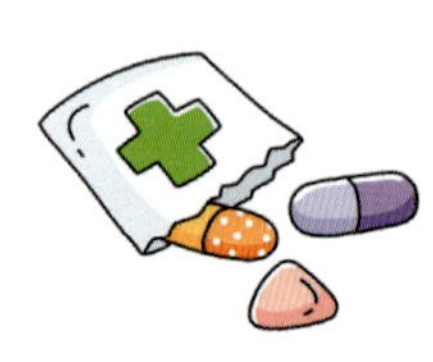

le comprimé / le cachet
르 꽁프히메 / 르 까쉐
알약

la toux 라 뚜	기침	**la tension artérielle**	혈압
l'éternuement 레때흐뉘멍	男 재채기	라 떵씨옹 아흐떼히앨르	
la digestion 라 디재쓰티옹	소화	**la température** 라 떵뻬하뛰흐	체온, 온도
l'appétit 라뻬띠	男 식욕	**le poumon** 르 뿌몽	폐
vomir 보미흐	토하다	**le rein** 르 행	콩팥, 신장
la constipation 라 꽁쓰띠빠씨옹	변비	**le cœur** 르 꾀흐	심장, 가슴
le cancer 르 껑쎄흐	암	**l'hôpital** 로삐딸	男 병원
la blessure 라 블레쒸흐	상처, 부상	**le dentiste** 르 덩띠쓰뜨	치과의사
le saignement 르 쌔니으멍	출혈	**l'infirmier** 랭피흐미에	간호사
se fouler 쓰 풀레	삐다	**le patient** 르 빠씨엉	환자
la démangeaison 라 데멍재종	가려움	**le traitement** 르 트해뜨멍	치료
la brûlure 라 브휠뤼흐	화상	**l'ordonnance** 로흐도넝쓰	囡 처방전
le bouton 르 부똥	여드름	**la pharmacie** 라 파흐마씨	약국
la maladie mentale 라 말라디 멍딸르	정신병	**le médicament** 르 메디꺄멍	약
le sang 르 썽	피	**la pommade** 라 뽀마드	연고

프랑스의 건강 시스템

　프랑스인들은 2009년 건강을 위해 지출한 금액이 1인당 3,062유로에 달할 정도로 유럽에서 약을 가장 많이 소비하는 것으로 알려져 있습니다. 프랑스는 크게 개인병원인 클리닉(clinique), 국립병원인 오피탈(hôpital)도 있지만 가족 주치의도 있습니다. 전통적으로 가족이 아플 때 주치의가 집을 방문하여 일반적인 진료를 해줍니다. 외과, 안과, 피부과 등 보다 전문적인 건강 문제인 경우 주치의가 전문의를 소개해 주기도 합니다. 환자가 주치의에게 직접 진료비를 주면 의사는 환자에게 처방전과 진료청구서를 주는데, 이 청구비용은 환자가 가입되어 있는 사회보험을 통해 환불받을 수 있습니다. 환자는 의사가 처방해준 처방전이 있어야 약국에서 약을 살 수 있습니다. 물론, 처방전 없이 살 수 있는 약도 있습니다.

　약국에서는 의사의 처방전에 따른 약품, 또는 처방전 없이도 구매할 수 있는 약품 외에도 화장품류, 아기용 기저귀, 분유, 이유식 등을 살 수 있습니다. 약국은 보통 월요일에서 토요일까지 운영하며 아침 8시 30분에서 12시 30분까지, 그리고 13시 45분에서 19시 15분 사이에 약품을 구매할 수 있습니다. 점심시간인 12시 30분에서 13시 45분 사이, 또는 일요일인 공휴일에 약을 사고자 한다면 당번약국(pharmacie de garde)에 가야 합니다.

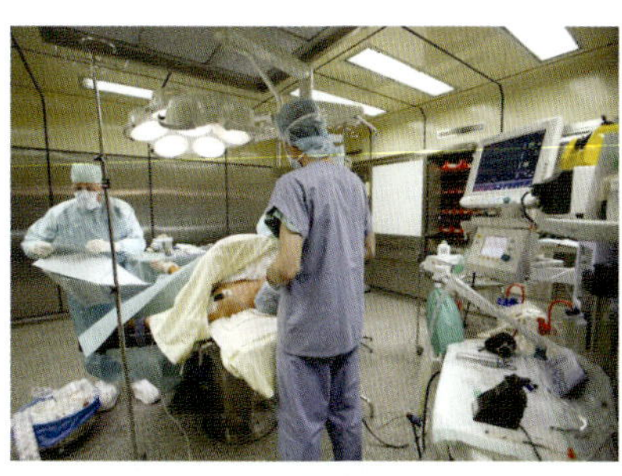

기본회화

Mme Jourdain : **Cabinet du docteur Rousseau, bonjour.**
까비내 뒤 독뙤흐 후쏘 봉쥬흐

Louis : **Bonjour, Je voudrais prendre rendez-vous**
봉쥬흐 쥬 부드해 프헝드흐 헝데 부

avec le docteur Rousseau s'il vous plaît.
아백끄 르 독뙤흐 후쏘 씰 부 쁠래

Mme Jourdain : **Quand voulez-vous venir?**
껑 불레 부 브니흐

Louis : **Jeudi après-midi.**
즈디 아프해 미디

Mme Jourdain : **Alors, à 16 h 30, cela vous convient?**
알로흐 아 쌔죄흐 트헝뜨 쓸라 부 꽁비앵

Louis : **Ce n'est pas possible un peu plus tôt?**
쓰 내 빠 뽀씨블르 엥 쁘 쁠뤼 또

Mme Jourdain : **Sinon, vous pouvez venir le matin à 11 h 30.**
씨농 부 뿌베 브니흐 르 마땅 아 옹죄흐 트헝뜨

Louis : **Oui, c'est mieux le matin.**
위 쌔 미으 르 마땅

해석

주르댕 부인 : 루쏘 의사 선생님 클리닉입니다, 안녕하세요.

루이 : 안녕하세요, 루쏘 의사 선생님과 약속을 잡고 싶은데요.

주르댕 부인 : 언제 오시기를 바라나요?

루이 : 목요일 오후요.

주르댕 부인 : 16시 30분이면 괜찮으신가요?

루이 : 조금 더 일찍은 안 될까요?

주르댕 부인 : 아니면 아침에 오실 수 있으세요, 11시 30분에.

루이 : 네, 아침이 더 낫네요.

1. Je voudrais prendre rendez-vous. 약속을 잡고 싶습니다.

rendez-vous(랑데부)라는 단어는 우리나라에서도 쓰이고 있는 프랑스어 단어인데 '약속'을 의미합니다. 따라서 prendre rendez-vous는 '만날 약속을 하다'의 뜻이 되고, 그 뒤에 avec(~와 함께)를 붙여 '~와 만날 약속을 하다'를 만듭니다.

2. Cela vous convient? 괜찮으신가요?

convient은 convenir의 현재형으로 '적절하다'의 뜻인데, 여기에서는 제시한 내용이면 괜찮은지를 물어보는 표현으로 사용합니다.

3. Ce n'est pas possible un peu plus tôt? 조금 더 일찍은 안 될까요?

ce n'est pas possible(가능하지 않다)의 뜻으로 반대로는 c'est possible(가능하다)입니다.

4. C'est mieux le matin. 아침이 더 낫네요.

c'est mieux는 '더 낫다'의 표현인데, 여기에서 mieux는 plus(더)와 bien(잘)이 합쳐진 비교급 형태입니다.

    C'est mieux ici. 여기가 더 낫다.

새로 나온 단어

cabinet 꺄비내	男 작은 방, 연구실	**cela** 쓸라	저것, 그것
docteur 독뙤흐	男 의사	**convient** 꽁비앵	convenir(적절하다)의 현재형
rendez-vous 헝데부	男 약속	**possible** 뽀씨블르	가능한
quand 껑	언제	**un peu** 엥쁘	조금
voulez 불레	vouloir(원하다)의 현재형	**plus** 쁠뤼쓰	더
venir 브니흐	오다	**tôt** 또	일찍
jeudi 즈디	男 목요일	**sinon** 씨농	그렇지 않으면
après-midi 아프해 미디	男 오후	**matin** 마땡	男 아침
alors 알로흐	그러면, 그래서	**c'est** 쌔	~이다
à 아	~에, ~에게	**mieux** 미으	더 잘, 더 나은

Je voudrais changer l'heure de mon rendez-vous.
쥬 부드헤   셩줴   뢰흐   드 몽   헝데 부
제 약속 시간을 바꾸고자 합니다.

직역하면 '당신은 ~씨인가요?'
인데 '성함이 어떻게 되시나요?'
의 의미로 이름을 물어볼 때 씁
니다.

Vous êtes monsieur?
부   재뜨 므씨으
성함이 어떻게 되시나요?

J'avais rendez-vous mercredi.
자배   헝데 부   메흐크흐디
제가 수요일에 약속이 있었습니다.

J'ai un empêchement.
줴   엥 넝빼슈멍
제가 일이 있습니다.

Je ne pourrais pas venir ce jour-là.
쥬 느 뿌해   빠 브니흐 쓰 쥬흐 라
그 날 오지 못할 것 같습니다.

Vous voulez changer le rendez-vous?
부   불레   셩줴   르 헝데 부
약속을 바꾸시겠습니까?

repousser는 '연기하다'는 뜻의
단어인데, remettre(미루다)로
바꾸어 사용할 수 있습니다.

Ou vous voulez repousser?
우 부   불레   흐뿌쎄
또는 미루시겠습니까?

Pour quand?
뿌흐   껑
언제로요?

Le même jour mais plus tard.
르 맴므   쥬흐 매   쁠뤼 따흐
같은 날이지만 더 늦게요.

Pas aujourd'hui, c'est complet.
빠   오쥬흐뒤이   쌔   꽁쁠레
오늘은 안 됩니다. 만원입니다.

제시간에 올 수 있다면,
Je serai à l'heure.
시간보다 일찍 올 수 있다면,
Je serai en avance.
라고 합니다.

초진일 때 쓰는 표현으로 '가다'
라고 하는 우리나라와 달리 '오
다' 동사를 사용합니다.

annuler(취소하다)를 같은 뜻인
décommander로 바꾸어 쓸
수 있습니다.

Je serai en retard.
쥬 쓰해 엉 흐따흐
늦을 것입니다.

Je suis un patient du docteur Legrand.
쥬 쒸이 엥 빠씨엉 뒤 독뙤흐 르그헝
저는 르그헝 의사 선생님의 환자입니다.

C'est la première fois que je viens.
쌔 라 프흐미애흐 푸와 끄 쥬 비앵
처음 가는 겁니다.

Le docteur n'est pas libre ce matin.
르 독뙤흐 내 빠 리브흐 쓰 마땡
의사 선생님은 오늘 아침에는 시간이 안 되십니다.

Je voudrais annuler mon rendez-vous.
쥬 부드해 아뉠레 몽 헝데부
제 약속을 취소하고 싶습니다.

C'est parfait, je vous remercie.
쌔 빠흐패 쥬 부 흐매흐씨
완벽합니다, 감사드립니다.

주요표현 단어

changer 셩줴	바꾸다	la première fois	첫 번째
heure 외흐	囡 시간	라 프흐미애흐 푸와	
mercredi 메흐크흐디	男 수요일	viens 비앵	venir(오다)의 현재형
empêchement 엉빼슈멍	男 방해, 지장	docteur 독뙤흐	男 의사, 박사
pour 뿌흐	~을 위해	libre 리브흐	자유로운
quand 껑	언제, 어느 때	matin 마땡	男 아침
le même jour 르 맴므 쥬흐	같은 날	annuler 아뉠레	취소하다
plus tard 쁠뤼 따흐	나중에, 후에	rendez-vous 헝데부	男 약속
complet 꽁쁠레	꽉 찬	parfait 빠흐패	완벽한
en retard 엉 흐따흐	늦은	remercie 흐매흐씨	remercier(감사하다)의
patient 빠씨엉	男 환자		현재형

프랑스어의 과거 – 복합과거

프랑스어의 과거시제는 여러 가지가 있는데, 그중에 기본으로 알아야 하는 시제는 복합과거입니다. 복합과거는 끝난 사건을 말하는 시제로 우리나라의 '~했다'의 의미가 됩니다. 만드는 방법은 조동사(avoir, être)를 인칭에 맞게 현재형으로 만든 뒤에 과거분사(p.p)를 붙이는 것인데, 조동사의 선택은 과거로 이야기할 동사에 따라 달라집니다.

• 과거분사를 만드는 법

1) 모든 1군(-er로 끝나는 동사)은 원형의 어미를 빼고 é을 붙입니다.

    manger(먹다) → mangé   aimer(좋아하다, 사랑하다) → aimé

2) 모든 2군(-ir로 끝나는 동사)은 원형의 r을 뺍니다.

    finir(마치다) → fini   grandir(자라다) → grandi

3) 3군 동사는 불규칙이기 때문에 과거분사 형태를 따로 외워야 합니다. 몇 가지의 주요 3군 동사들을 살펴보면 아래와 같습니다.

    être(~이다) → été   pouvoir(할 수 있다) → pu   vouloir(원하다) → voulu

    avoir(가지다) → eu   devoir(해야만 하다) → dû   savoir(알다) → su

    aller(가다) → allé   faire(하다) → fait

avoir(현재형) + p.p	être(현재형) + p.p	
대부분의 동사가 avoir을 조동사로 사용하며 p.p에 주어에 따른 성수 일치를 하지 않습니다.	être을 조동사로 쓰는 동사는 왕래발착 동사와 대명동사에 해당되며 p.p에 주어에 따른 성수 일치를 합니다.	
manger(먹다) : 먹었어요.	aller(가다) : 갔어요.	se réveiller(깨어나다) : 깨어났어요.
J'ai mangé.	Je(여) suis allé(e).	Je(여) me suis réveillé(e).
Tu as mangé.	Tu(여) es allé(e).	Tu(여) t'es réveillé(e).
Il[Elle] a mangé.	Il est allé. / Elle est allée.	Il s'est réveillé. / Elle s'est réveillée.
Nous avons mangé.	Nous sommes allé(s)(es).	Nous nous sommes réveillé(s)(es).
Vous avez mangé.	Vous êtes allé(e)(s)(es).	Vous vous êtes réveillé(e)(s)(es).
Ils[Elles] ont mangé.	Ils sont allés.	Ils se sont réveillés.
	Elles sont allées.	Elles se sont réveillées.

nous(우리)가 '남+남' 또는 '남+여'로 구성됐다면 s만 붙이고, '여+여'로 구성됐다면 es를 붙입니다. vous(당신/당신들)가 여자이면 e, '남+남' 또는 '남+여'로 구성됐다면 s만 붙이고 '여+여'로 구성됐다면 es를 붙입니다.

1. 아래의 질문과 어울리지 않는 답을 고르세요.

Quand est-ce que tu viens? 너 언제 오니?

1) Je serai en retard.
2) Je serai à l'heure.
3) Je serai à la maison.
4) Je serai en avance.

2. 아래의 문장을 해석해 보세요.

1) J'ai un empêchement.

2) Je ne pourrais pas venir ce jour-là.

3) Le même jour mais plus tard.

4) Vous voulez repousser?

3. 아래의 (   ) 안에 알맞은 단어를 넣으세요.

1) Je suis (   )du docteur Legrand.
저는 르그렁 의사 선생님의 환자입니다.

2) C'est (   ) que je viens.
처음 가는 겁니다.

3) Le docteur n'est pas (   ) ce matin.
의사 선생님은 오늘 아침에는 시간이 안 되십니다.

정답

1. 3)   2. 1) 제가 일이 있습니다.   2) 그날 오지 못할 것 같습니다.   3) 같은 날이지만 더 늦게요.   4) 미루시겠습니까?   3. 1) un patient   2) la première fois   3) libre

교통 관련 단어

l'avion 男 비행기
라비옹

le bus 버스
르 뷔쓰

le train 기차
르 트행

le camion 트럭
르 까미옹

le métro 지하철
르 메트호

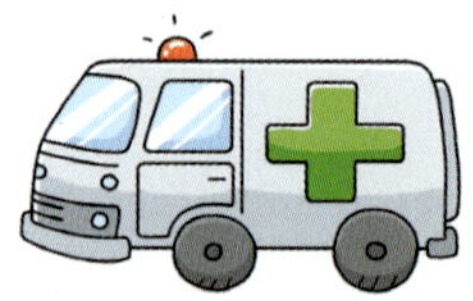

l'ambulance 女 구급차
렁뷜렁쓰

le taxi 택시
르 딱씨

le camion de pomiers
르 까미옹 드 뽕삐에
男 소방차

la roquette 라 호깻뜨	로켓	**l'autocar de tourisme**	男 관광버스
la navette 라 나뱃뜨	우주 왕복선	로또꺄흐 드 뚜히씀므	
l'aéroport 라에호뽀흐	男 공항	**le bateau de plaisance**	유람선
l'hélicoptère 렐리꼽때흐	男 헬기	르 바또 드 쁠래정쓰	
la gare 라 갸흐	기차역	**la voiture** 라 부와뛰흐	자동차
le vélo 르 벨로	자전거	**la location** 라 로까씨옹	렌트
la station 라 쓰따씨옹	지하철역	**le tracteur** 르 트학뙤흐	견인차
le train express 르 트행 액쓰프해쓰	고속열차	**le wagon-citerne** 르 바공씨때흔느	탱크차
l'arrêt de bus 라해 드 뷔쓰	버스 정류장	**la moto** 라 모또	오토바이
l'autocar express	男 고속버스	**la bicyclette** 라 비씨끌랫뜨	자전거
로또꺄흐 액쓰프해쓰		**le funiculaire** 르 퓌니뀔래흐	케이블카
l'autobus scolaire 로또뷔쓰 쓰꼴래흐 男 학교버스		**le port** 르 뽀흐	항구
le yacht 르 여트	요트	**le quai** 르 깨	선착장
la navette 라 나뱃뜨	셔틀버스	**le bateau** 르 바또	배
le canot 르 까노	보트	**le bateau à voile** 르 바또 아 부왈르	돛단배

매일 새로운 치즈를 맛볼 수 있는 프랑스

　　빵과 함께 먹거나, 와인의 안주 또는 요리에도 사용이 되는 프랑스의 치즈는 365일 내내 매일 새로운 치즈를 맛볼 수 있을 정도로 그 종류가 다양합니다. 프랑스의 치즈는 대부분 소, 양, 염소 등의 원유로 만들어지는데 생산지역의 이름을 딴 치즈들도 많습니다.

　　프랑스의 대표적인 치즈 몇 가지를 소개하자면, 노르망디에서 생산되는 꺄멍베흐(Camembert)라는 소젖으로 만들어지는 유명한 치즈입니다. 흰색 솜털 모양의 곰팡이가 있는 것이 특징이며 비스킷이나 카나페에 어울립니다. 이와 비슷한 모양의 브히(Brie)는 브리 지역의 이름을 따왔는데 역시 소젖의 원유로 만들어집니다. 하드 치즈인 꽁떼(Comté)는 쥐하(Jura)라는 산맥에서 생산되며 껍질은 딱딱하지만 그 안은 부드러워 샌드위치에 곁들여 먹거나 식사 후 과일과 함께 내놓는 디저트로 좋습니다. 구멍이 뚫린 노란 껍질의 에멍딸(Emmental)은 퐁뒤(작은 항아리 그릇을 불에 올려놓고 다양한 치즈 등을 녹여가며 먹는 요리)로 많이 즐기며 강한 향이 나는 혹끄포흐(Roquefort)는 양젖으로 만들어지는데 하얀색 바탕에 푸른 곰팡이가 있는 것이 특징입니다. 샐러드뿐만 아니라 스테이크 위에도 뿌려 먹는데 독특한 향 때문에 호불호가 갈리기도 합니다. 가장 오래된 치즈라고도 불리는 껑딸(Cantal)은 Cantal 지방의 이름을 갖고 있으며 소젖으로 만들어집니다.

　　치즈는 슈퍼 또는 치즈 상인에게서 구매할 수 있는데 슈퍼에서는 상자나 진공포장이 되어 판매하기 때문에 치즈의 크기를 선택할 수 없지만, 치즈 상인에게서 구매를 한다면 원하는 크기로 잘라 구매할 수 있는 장점도 있습니다. 치즈를 구매한 후에는 반드시 냉장고에 넣지만 얼지 않도록 보관하고 먹은 후에는 잘려진 부분을 알루미늄 호일로 잘 감싸두는 것이 좋습니다. 너무 자주 냉장고에서 꺼냈다 넣었다 하는 것을 반복하면 풍미를 잃을 수 있기 때문에 가정에서는 소량으로 구입하여 먹는 것이 치즈를 가장 맛있게 즐길 수 있는 방법입니다.

■저자 **김별**

한국외국어대학교 프랑스어과 졸업

프랑스어 번역, 통역 프리랜서

종로 신중성어학원 부원장

■이력

SBS 〈태평양 탐험〉 타이티 섬 영상 번역

세계장애인 사격 선수권대회 프랑스팀 담당 통역

KBS 〈세계는 지금〉 영상 번역

SBS스페셜 '당신의 대한민국' 인터뷰 통역

KBS 루브르 박물관 관련 영상 번역

SBS 프랑스 국민연금 관련 영상 번역

KBS 칸느 영화제 관련 영상 번역

한국관광공사 Tour2Korea 사이트 번역 외 다수

혼자배우는 프랑스어 첫걸음

초판 1쇄 발행 2017년 6월 15일
    5쇄 발행 2025년 1월 15일

발행인 박해성
발행처 정진출판사
저자 김별
편집 김양섭, 조윤수
기획마케팅 박상훈, 이민희
디자인 허다경
삽화 그림숲
출판등록 1989년 12월 20일 제 6-95호
주소 136-130 서울시 성북구 화랑로 119-8
전화 02-917-9900
팩스 02-917-9907
홈페이지 www.jeongjinpub.co.kr

ISBN 978-89-5700-141-7 *13760